Astrid Eulalie

4 SEMANAS PARA ORDENAR TU CASA Y TU VIDA

Astrid Eulalie

4 SEMANAS PARA ORDENAR TU CASA Y TU VIDA

UN PLAN PARA LOGRAR LA ARMONÍA A TU ALREDEDOR

zenith

Título original: ***4 semaines pour faire le tri***

Primera edición: febrero de 2017
Primera edición en esta presentación: enero de 2024

Zenith es un sello editorial de Editorial Planeta, S.A.
Avda. Diagonal, 662-664, 08034 Barcelona (España)
www.zenitheditorial.com
www.planetadelibros.com

ISBN: 978-84-08-28142-9
Depósito legal: B. 21.119-2023

Impreso en España – *Printed in Spain*

Este cuaderno pertenece a:

....

Fecha de hoy:

....

Por qué deseo ordenar mi casa y mi vida:

....

Cómo quiero que sea mi vida después de estas 4 semanas:

....

Las tres palabras que ilustran lo que quiero cambiar en mi vida:

............................../............................../..............................

Las tres palabras que ilustran cómo quiero que sea mi vida
después de estas 4 semanas:

............................../............................../..............................

RECUERDA QUE,
PARA VIVIR
FELIZMENTE,
BASTA CON
MUY POCO.

MARCO AURELIO

SUMARIO

4 SEMANAS. TIENES 4 SEMANAS PARA ORDENAR TU CASA Y TRANSFORMAR TU VIDA.

¿PREPARADO?

INTRODUCCIÓN

«Me siento desbordado constantemente. Es como si nunca tuviera tiempo para mí.»

«¿No saber dónde están las llaves del coche? ¡Me pasa cada día!»

«No acabo de estar satisfecho con mis relaciones de amistad.»

«Me da la sensación de que estoy atascado y de que no avanzo en la vida.»

«Me siento vacío, sin energía.»

«Estoy en tensión constante: el trabajo, los niños, la casa... ¡Cuesta mucho gestionarlo todo!»

Vamos a ver, ¿qué frenos invisibles te impiden vivir plenamente? ¿Y si la solución fuera poner orden? ¡Sí, poner orden! Poner orden en tu casa, claro, pero no solo ahí, sino también en tu vida en general (alimentación, redes sociales, etcétera). ¿Por qué? **Porque así podrás aprovechar plenamente tu vida y pasar del caos a la armonía**. Seguro que piensas que estoy prometiendo mucho. Sí, es cierto, pero lo prometo porque sé que puedo. Prueba a lanzarte a estas **4 semanas para ordenar tu casa y tu vida**. Serán días tranquilos, agitados, fáciles, complicados..., pero siempre llenos de enseñanzas. El camino de la sencillez consiste en elegir un camino distinto al del culto al consumo. Supone ir a contracorriente, pero, poco a poco, este camino nos lleva a **una vida de tranquilidad, de satisfacción, de serenidad y de alegría**. No exige necesariamente cambios extremos en la vida, pero sí dar pequeños pasos que, uno tras otro, crean nuestro equilibrio. **Elegir una vida más sencilla es elegir vivir con plenitud y con conciencia plena**.

SEMANA 1

ORDENAR LA CASA:

HACER INVENTARIO

¿Por qué te conviene ordenar la casa? En pocas palabras: porque tu casa es tu segundo cuerpo. Por lo tanto, debes cuidar de ella. Los beneficios de poner orden de verdad en casa te sorprenderán: **menos estrés y más serenidad** (controlas la situación), **más tiempo** (todo está en su sitio y lo encuentras con facilidad), **ahorro económico** (claro, no comprar dos veces, si no tres, el mismo objeto que metimos no sabemos dónde en su día, ayuda a que no se nos vacíe la cartera), **una vida más rica** (por fin tiempo para leer, pintar, ir a un museo, etcétera) y **más energía** (física y mental). Por lo tanto, el objetivo es cambiar lo que nos rodea en el plano material, para luego ocuparnos del espiritual. Antes de embarcarte en un gran proceso de orden, es imperativo que hagas un inventario preciso y muy consciente. Permíteme que te guíe.

SEMANA 1

CUESTIONARIO
¿A QUÉ GRADO DE ACUMULACIÓN HAS LLEGADO EN CASA?

1. ¿Cuántas veces a la semana buscas las llaves por toda la casa?

- △ He perdido la cuenta, pero muchísimas, eso seguro.
- ☆ Algunas veces.
- ○ Nunca. Pregúntaselo a mi marido. ¡Él sí que las busca constantemente!

2. Unos amigos se presentan por sorpresa en tu casa:

- ☆ Me molesta, la casa está hecha un desastre...
- △ Me escondo detrás del sofá, no hago ruido y no respondo al timbre.
- ○ No hay problema, por mí ya pueden sentarse a la mesa. ¡La comida está lista!

3. Si te dicen «mujer de la limpieza», tu respuesta es:

- ○ No la necesito.
- △ ¡Sueño con una cada día!
- ☆ Pienso en ello de vez en cuando.

4. Por lo general, ¿cuánto tardas en ordenar el comedor?

- ○ Algunos minutos cada día.
- △ Un fin de semana.
- ☆ Unas dos horas.

5. ¿Sabrías decir inmediatamente dónde está el libro sobre Picasso que compraste el año pasado?

- △ Mmmm...
- ☆ Ah, sí, en el pasillo, creo.
- ○ En la estantería derecha del salón.

6. A primera hora de la mañana, tu cocina:

- △ Parece un campo de batalla y el fregadero está lleno de platos sucios del día anterior.
- ○ ¡Niquelada!
- ☆ Los platos están limpios, pero la superficie de trabajo está muy desordenada.

7. Para ti, ordenar es...

- ☆ Algo que hay que hacer.
- △ Un trabajo pesado.
- ○ Un placer y una oportunidad para meditar.

8. ¿Sueles llegar tarde por falta de organización?

- ¿Tarde? ¿Yo? ¡Nunca!
- A veces, pero bueno, es que pensaba que ya había planchado la camisa que me quería poner.
- Mis amigos ya no lo aguantan más.

9. Cuando sales a hacer la compra, es más bien:

- Sobre la marcha, lo tengo todo en la cabeza. Aunque con frecuencia tengo que hacer minicompras durante la semana, porque se me ha olvidado algo.
- Muy planificado, con una lista en la mano y después de haber comido, para no tener hambre y evitar tentaciones inútiles.
- No sé, no lo pienso.

10. Tienes que coserte un botón urgentemente:

- Encuentras el costurero, pero, dentro los hilos están liados y mezclados, es un desastre.
- Tardas mucho, antes tienes que encontrar todo lo que necesitas para coser.
- Está hecho en cinco minutos de reloj.

11. Te vas de vacaciones a un *resort*. ¿Qué les dices a tus amigos?

- «Qué bien, por fin podré descansar.»
- «No me gustan los *resorts*, prefiero cocinar yo y tener autonomía.»
- «¡Genial! ¡15 días sin limpiar ni hacer la compra!»

12. Para ti, tu casa es:

- Un lugar que alberga todos tus recuerdos (viajes, fotografías, etcétera).
- Un nido, un refugio cómodo.
- Un lugar funcional y agradable para vivir.

RESULTADOS:

¡Es urgentísimo que empieces a ordenar!

Te las apañas bien, pero aún tienes margen de mejora en tu vida cotidiana.

Eres un profesional de la organización. Los consejos de este cuaderno te ayudarán a llegar más lejos todavía.

SEMANA 1

Acabas de recibir el veredicto... Apunta a continuación qué piensas. ¿Hay otras anécdotas que puedas escribir aquí y que te ayuden a entender el grado de acumulación que hay en tu casa y, por lo tanto, en tu mente? ¿Has identificado cosas relacionadas con el orden de tu mundo interior y que te impiden vivir en armonía y desarrollarte totalmente y brillar tal y como el Universo ha previsto que brilles?

....

....

....

....

LOS OBJETOS Y TÚ

A continuación, elige las frases con las que te identifiques más y pasa de página para encontrar soluciones adaptadas.

«No me gusta tirar cosas. Me parece un derroche insoportable.»

- ☐ ¡Eso mismo digo yo!
- ☐ No, yo nunca diría eso.

«No me separaré jamás de esta bufanda, la llevaba cuando conocí a mi novio.»

- ☐ ¡Eso mismo digo yo!
- ☐ No, yo nunca diría eso.

«Ya, pero ¿y si regalo las partituras y más adelante decido retomar el piano?»

- ☐ ¡Eso mismo digo yo!
- ☐ No, yo nunca diría eso.

«Ni siquiera puedo separarme del cuadro que me regaló mi tía cuando cumplí 18 años.»

- ☐ ¡Eso mismo digo yo!
- ☐ No, yo nunca diría eso.

«Lo siento, pero una no se separa jamás de unos zapatos de 200 euros. No quiero perder el dinero. Aunque ya no me los ponga o ya no me gusten.»

- ☐ ¡Eso mismo digo yo!
- ☐ No, yo nunca diría eso.

SEMANA 1

«No me gusta tirar cosas. Me parece un derroche insoportable.»
Ten en cuenta que ordenar y organizar no siempre significa tirarlo todo a la basura (realmente sería insoportable, estamos de acuerdo en eso). Puedes hacer donaciones. Hay asociaciones que recogen las prendas de ropa y venden en tiendas solidarias las que están en buen estado y ceden las que están demasiado estropeadas a industrias que transforman la fibra textil en material aislante para el sector de la construcción. Piensa también en los mercadillos de segunda mano y en las páginas web de venta de segunda mano entre particulares.

RECUERDA:

Organizar la casa no es la guerra. Es una manera nueva de vivir. No luchas: evolucionas.

«No me separaré jamás de esta bufanda, la llevaba cuando conocí a mi novio.»
¡Con el famoso **«valor sentimental»** hemos topado! ¡Menuda pesadez! Sé honesta. ¿De verdad que la mera imagen de la bufanda hace que vuelvas a experimentar la emoción de la primera cita? ¿Es posible que hayas creado un mito totalmente artificial? Vayamos un poco más lejos: ¿no has vuelto a experimentar una emoción amorosa después de esta a la que te aferras? Por el contrario, si ver la bufanda te pone de buen humor y te hace verdaderamente feliz, guárdala. Es la mejor manera de poner orden.

«Ya, pero ¿y si regalo las partituras y más adelante decido retomar el piano?»
En casa guardamos muchas cosas **«por si acaso»**: trajes de esquiar (*por si algún día me invitan a la montaña*), una yogurtera (*para cuando esté de baja de maternidad y tenga tiempo*), muñecos (*bueno, es que es muy posible que tenga hijos algún día*), una raqueta de tenis (*para cuando me deje de doler la espalda*), etcétera. Guardar todos estos objetos es una mala idea, porque suponen una pérdida de tiempo y de energía. Si algún día llegaras a necesitarlos, seguro que un amigo podría prestártelos o incluso podrías alquilarlos.

«Ni siquiera puedo separarme del cuadro que me regaló mi tía cuando cumplí 18 años.»
Hay que reconocer que, a veces, los regalos están envenenados. Ya se trate de un adorno, de un libro, de una prenda de ropa... si un regalo no te gusta, no te obligues a conservarlo. Ni se te ocurra sacar en momentos concretos la dichosa figurita para no ofender a quien te la regaló. Lo mejor es decir la verdad, con diplomacia.

«Lo siento, pero una no se separa jamás de unos zapatos de 200 euros. No quiero perder el dinero. Aunque ya no me los ponga o ya no me gusten.»
¿En serio? Quítate de la cabeza que solo se donan las cosas sin mucho valor. ¿Acaso no es un formidable mensaje para el Universo que donemos también objetos valiosos? Además, recuerda siempre que un objeto sin utilidad y que ya no te proporciona placer con su mera presencia es un objeto que absorbe tu energía vital y contamina tu entorno.

OBSERVAR LA CASA

Es fundamental que empieces por una larga fase de observación de tu casa. Métete en la piel de un visitante amable y recorre todas las estancias. Siéntate en el centro de cada una y escribe todo lo que veas. Tómatelo muy en serio, casi como si fueras un inspector, pero con un desapego consciente. Sobre todo, no juzgues lo que veas, tu casa está como está. Acepta lo que veas, sin juzgar.

¿Hay muchos objetos decorativos y baratijas?

....

....

SEMANA 1

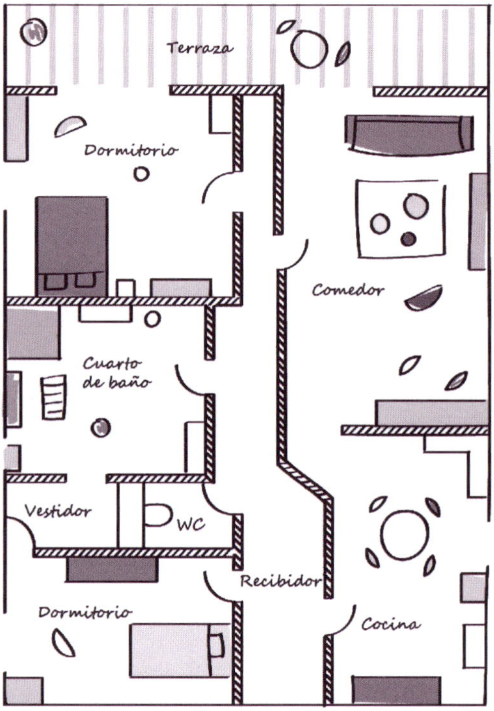

¿Se puede circular con facilidad entre los distintos espacios?

....

....

¿Cómo están colocados/ordenados los objetos?

....

....

¿Hay ropa tirada por el suelo?

....

....

¿Hay mucho espacio de almacenamiento? ¿Está ordenado?

....

....

¿Están limpios los cuartos de baño?

....

....

¿Tienes los productos cosméticos desparramados por el baño?

....

....

Observaciones sobre el recibidor

....

....

....

Observaciones sobre la salita y el comedor

....

....

....

Observaciones sobre los pasillos

....

....

....

Observaciones sobre los dormitorios

....

....

....

Observaciones sobre el baño

....

....

....

SEMANA 1

Observaciones sobre la cocina

....

....

....

Observaciones sobre el garaje

....

....

....

Observaciones sobre el trastero (¡Sí, también!)

....

....

....

¿QUÉ ES ESO?

Un objeto-parásito es un objeto al que **no has asignado un lugar**, un objeto que **no está en su sitio** (¿por qué está en la cocina el cepillo para el pelo de tu hija?), **que no es útil** (los cables informáticos de hace más de diez años) **o que no genera emociones positivas** (como los regalos «envenenados» que guardas porque te sientes culpable y no quieres ofender a la persona que te los regaló). También podemos llamar así a **los objetos estropeados o que ya no utilizamos** y a los objetos **que nos traen malos recuerdos**.

RECORDAR LA HISTORIA DE LA CASA

Estado civil de la casa

- Metros cuadrados: ....
- Número de estancias: ....
- Garaje: Sí/No
- Bodega: Sí/No
- Buhardilla: Sí/No

Dirección:

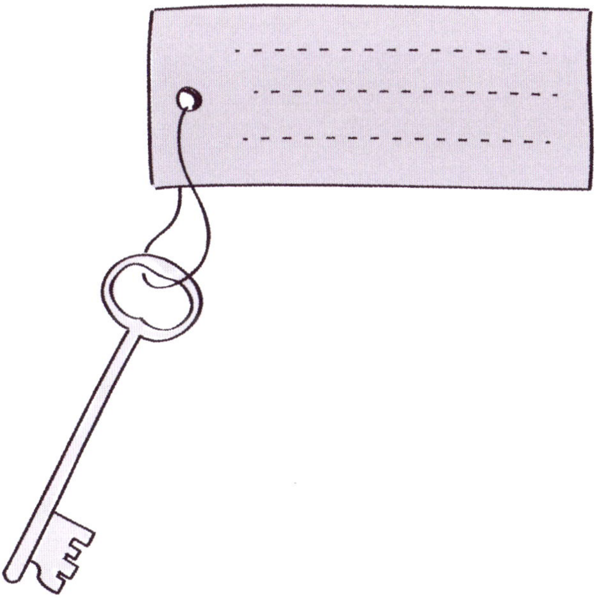

La alegría que sentí el día de la mudanza:

....

....

....

SEMANA 1

Qué me gustó inmediatamente de la casa

....

....

....

Qué me gusta del día a día en casa

....

....

....

Mi espacio preferido y por qué

....

....

....

Momentos de felicidad en casa

Mis mejores recuerdos aquí

El espacio que tengo más ganas de cambiar

El espacio más abarrotado de cosas

SEMANA 1

VOLVER A OBSERVAR LA CASA

Ahora que has recordado los momentos felices que has pasado en los distintos espacios de la casa, relee las notas que has tomado en las páginas 19 a 22. Vuelve a recorrer todas las estancias y los espacios que has visitado antes, pero ahora haz un análisis más profundo. ¿Te gusta lo que ves? ¿Hay algo que te impida vivir una vida armoniosa en tu hogar? Ahora mira con intención: la intención de cambiar lo que no te gusta, lo que te frena y lo que absorbe tu energía vital.

Cosas que cambiar en el recibidor (zapatos sin ordenar, caos omnipresente, etcétera)

....

....

....

Lo que me irrita más de este espacio

....

....

Cosas que cambiar en la salita/comedor (por ejemplo, los objetos-parásito)

....

....

....

Lo que me irrita más de este espacio

....

....

Cosas que cambiar en el pasillo (por ejemplo, ropa y juguetes tirados por el suelo)

....

....

....

Lo que me irrita más de este espacio

....

....

Cosas que cambiar en los dormitorios (armarios desbordados de ropa, mesitas de noche recargadas, etcétera)

....

....

....

Lo que me irrita más de este espacio

....

....

Cosas que cambiar en el baño

....

....

....

Lo que me irrita más de este espacio

....

....

SEMANA 1

Cosas que cambiar en la cocina

....

....

....

Lo que me irrita más de este espacio

....

....

Cosas que cambiar en el garaje

....

....

....

Lo que me irrita más de este espacio

....

....

Cosas que cambiar en el trastero

....

....

....

Lo que me irrita más de este espacio

....

....

SEMANA 1

¿POR QUÉ TANTO DESORDEN?

Identifica los motivos del desorden. Idea tus propias soluciones.

Mis problemas cotidianos	**¿Cómo puedo remediarlos?**
Vuelvo de trabajar muy tarde.	• Esforzándome en salir al mismo tiempo que mis compañeros, que sí se van a su hora. • Programándome una alarma en el móvil 15 minutos antes de la hora de salir. • Si realmente me queda demasiado por hacer al salir, siempre puedo llegar un poco antes por la mañana. Me irá mejor llegar antes que marcharme tarde.
Me da miedo el futuro, tanto en el plano personal como en el profesional.	....
Mi pareja no me ayuda lo suficiente.	....
No estoy bien en el trabajo.	....
Los niños me superan.	....
Estoy pasando por un periodo depresivo.	....
Me da miedo equivocarme.	....

Mis problemas cotidianos	¿Cómo puedo remediarlos?
....	....
....	....
....	....

VISUALIZAR UN ESPACIO NUEVO

Constatar cierto desorden puede dar lugar al cambio mediante la visualización positiva. El Universo solo quiere lo mejor para ti y sabrá ofrecerte lo que deseas, pero hay que saber pedírselo y aceptar los cambios necesarios... Regresa a todas las estancias, una a una. Siéntate en el centro o quédate en pie. En silencio, observa a tu alrededor y visualiza cómo te gustaría transformar ese espacio. Cierra los ojos. Imagina que la habitación irradia una bonita luz blanca y brillante. ¿Armarios ordenados? ¿Un suelo reluciente y sin obstáculo alguno? ¿Un escritorio despejado? Imagina todos los adjetivos que querrías aplicar a cada espacio o visualiza qué momentos te gustaría vivir en cada uno de ellos.

SEMANA 1

EL RECIBIDOR **SERÁ**

....

....

LA SALITA/COMEDOR **SERÁ**

....

....

EL PASILLO **SERÁ**

....

....

EL DORMITORIO **SERÁ**

....

....

EL CUARTO DE BAÑO **SERÁ**

....

....

LA COCINA **SERÁ**

....

....

EL GARAJE **SERÁ**

....

....

EL TRASTERO **SERÁ**

....

....

ORDENAR

EMPIEZA POCO A POCO

«Poco a poco», ese ha de ser tu lema. Ir poco a poco contigo mismo, con tus objetos, con tu casa... Comienza con cosas pequeñas, ve **de lo menos visible** a lo **más visible**, de lo **micro** a lo **macro**. Por ejemplo, comienza por un cajón, pasa a la cómoda entera, luego a la habitación donde esté el mueble, etcétera. ¿Por qué? Porque lo «pequeño» funciona exactamente igual que lo «grande», que el «todo». Se parecen y se reflejan. Si el grano de arena es bonito, la playa será magnífica.

SEMANA 1

1. **Delimita una superficie en el suelo** con un cordel grueso. Elige un cordel limpio y liso, a poder ser. Coloca con cuidado en un único montón todo el contenido del cajón que quieras ordenar, todo el contenido del armario o, si estás preparado, todos los objetos de la habitación. Si no tienes cordel, puedes crear la zona con cinta de pintor. Este espacio será tu zona de trabajo y será el trampolín que te impulsará a una organización eficaz.

2. **Repite el proceso para crear una segunda y una tercera zona sobre el suelo**, para los objetos de los que te desharás y para los que deseas conservar.

3. Prepara **bolsas de basura** para los objetos que tirarás y **tres cajas**, una para los objetos que regalarás, otra para los que venderás y otra para los que hay que reparar.

4. **Toma uno a uno todos los objetos que hay** sobre la superficie de trabajo y plantéate las preguntas siguientes:

¿ESTÁ ESTE OBJETO EN SU SITIO? ¿ESTÁ EN EL ESPACIO ADECUADO DE LA CASA?

Reúne todos los objetos del mismo tipo o con la misma función en un único sitio. Junta todos los libros de la casa en una sola biblioteca, todos los objetos de papelería en el mismo lugar, todas las herramientas de bricolaje en una sola caja, etcétera.

¿NECESITO ESTE OBJETO? ¿CUÁNDO LO USÉ POR ÚLTIMA VEZ?

Si hace 6 meses o más que no tocas ese objeto, es porque no te hace falta. Sé honesto, sepárate de él. Si un día lo necesitas, puedes pedírselo a un amigo o alquilarlo. Los «por si acaso» o «para cuando» deben desaparecer de tu vocabulario.

¿LO TENGO DUPLICADO?

Cuidado: las casas regurgitan objetos en múltiples ejemplares. ¿Realmente necesitas 3 cucharones y 20 ensaladeras en la cocina o 4 calculadoras y 3 escuadras en el despacho? Obviamente, ¡la respuesta es no!

¿ESTÁ ROTO? ¿ESTROPEADO? ¿FUNCIONA CORRECTAMENTE?

Ten valor y energía y lleva por fin al zapatero ese par de zapatos con las suelas gastadas, el pantalón a que le hagan los bajos, el cuadro a que lo enmarquen, etcétera. Conserva este impulso para POR FIN llevar todas las pilas usadas a los contenedores específicos que encontrarás en las farmacias y los puntos de reciclaje y deshazte también de los móviles viejos que llevan años por los cajones de la casa. Si el objeto ya está desfasado de verdad o es imposible repararlo, tíralo.

SEMANA 1

¿VER EL OBJETO TE APORTA ALGO?

Responde sin pensar y sinceramente, sin preocuparte de las convenciones sociales (*No puedo tirarlo, es un regalo*) ni del valor emocional del objeto (herencia de un antepasado, por ejemplo).

¿COMPRARÍAS HOY ESTE OBJETO DE DECORACIÓN?

Responde sin pensar y con sinceridad.

Coloca cada objeto en la zona correspondiente en función de las respuestas que hayas dado. Obviamente, debe haber muchos menos objetos en la zona «Conservar.»

NO INTENTES HACERLO TODO EN UN DÍA

Es imposible.
Planifica uno o varios objetivos por día a lo largo de 4 semanas y cúmplelos. No hay nada más deprimente que vivir en un caos permanente y en una situación *en construcción*. Al final del día, necesitamos ver (o sentir) una mejora, aunque se trate de un solo cajón organizado y ordenado.

TODOS LOS OBJETOS QUE HAY QUE DAR (O TIRAR) URGENTEMENTE

Tanto si se trata de objetos que ya no cumplen su función (están estropeados, por ejemplo), como si están cargados de malos recuerdos o representan un futuro hipotético que no llegará jamás, tienes que deshacerte de ellos lo antes posible para evacuar todas sus vibraciones negativas. Recorre todas las habitaciones una a una y deshazte de:

- Ropa y textiles usados: trapos, camisetas viejas, etcétera.
- Revistas con más de 6 meses de antigüedad.
- Billetes de transporte usados.
- Instrucciones de aparatos que ya ni siquiera tienes.
- Aparatos eléctricos que ya no funcionan y que dormitan en un rincón, pero que te envían sus vibraciones negativas.
- Productos de belleza (muestras incluidas) y medicamentos caducados.
- Artículos de maquillaje pasados: esmalte de uñas seco, máscara inutilizable, etcétera.
- Zapatos un poco demasiado grandes que no te pones nunca y también los que son un poco demasiado pequeños y te hacen daño cuando te los pones.
- Regalos que no te gustan (¡o que incluso no soportas!), como ese cuadro o esa agenda.
- Recipientes reciclados de la cocina que no usarás jamás (Guardaré este tarro de mostaza, nunca se sabe cuándo me puede venir bien).
- Objetos que funcionan en pareja, pero que están viudos desde hace mucho: calcetines, pendientes, etcétera.
- Objetos que compraste impulsivamente para una actividad hipotética que no has practicado jamás.
- Cables acumulados.
- Bolsos de cuya existencia ya ni te acordabas.

SEMANA 1

LA FAMOSA VISITA A DECATHLON

¡Aaaah, Decathlon! Seamos sinceros, si no salgo a correr es porque no tengo el equipo adecuado, solo por eso. Vamos, una visita de nada a Decathlon y por pocos euros me convertiré en un deportista nato. ¡Que sí, que lo digo en serio! ¿Quién no ha salido alguna vez de esa tienda cargado con una raqueta de tenis (*¡En septiembre me apunto!*), de ropa reflectante especial para correr (*¡Ah, sí, ahora pareceré un profesional! ¡Es justo lo que necesitaba!*) o incluso con una máscara y un tubo para bucear. **Creemos que el objeto nos transformará, que la posesión dará lugar a la acción, cuando, en realidad, lo que debe preceder a la acción es... ¡la acción!** ¡Piénsalo!

Lista de todos los objetos que he comprado al fantasear con una nueva vida o con actividades nuevas:

1. ....
2. ....
3. ....
4. ....
5. ....
6. ....

LA CASA Y LA ENERGÍA

Airear la casa no es esencial únicamente por cuestiones de higiene. Este sencillo gesto cotidiano permite renovar la energía de todo el hogar. Además, el fengshui, el arte chino milenario cuyo objetivo es mejorar la vida mediante la acción sobre el entorno, afirma que tener una casa bien organizada y con una circulación fluida aumenta la energía limpia. Efectivamente, mientras que el desorden y la acumulación de cosas no aportan más que agotamiento, fatiga y falta de ánimo, un interior limpio, ordenado y con espacio proporciona a sus ocupantes alegría de vivir, energía vital, dinamismo y ganas de vivir... ¡ganas de vivir plenamente la vida!

TAREA

Abre las ventanas para aprovechar la energía de los rayos de sol.

LA *PACKING PARTY*

Se trata de un método ideado por Joshua Fields Millburn y Ryan Nicodemus, del blog *The Minimalists* <www.theminimalists.com>. Es muy sencillo: haz como si fueras a mudarte y embala todos los objetos y muebles (desmontados) en cajas. Apunta detalladamente qué hay en cada una. Durante 21 días, tendrás que ir a buscar a las cajas lo que necesites. Pasarán los días y te aseguro que te llevarás una gran sorpresa cuando veas que has abierto muy pocas (aproximadamente un 20 por ciento) y que tampoco tienes demasiado claro qué hay en las que siguen cerradas. Si no recuerdas los objetos ocultos y tampoco los has necesitado durante 21 días... ¿por qué conservarlos? ¿Por qué no regalarlos?

Pon a prueba la *packing party* en el recibidor:

Fecha: del .... al ....

Cantidad de cajas: ....

Objetos utilizados durante los 21 días: ....

....

Decisión al respecto de las cajas cerradas: ....

....

SEMANA 1

AVANZAR DE ESTANCIA EN ESTANCIA

EL DORMITORIO

Describe tu dormitorio en pocas palabras:

....

....

Escribe 3 adjetivos que podrías utilizar para describir tu dormitorio:

.... / .... / ....

¿Qué es lo que te gusta de tu dormitorio?

....

....

Dibuja el objeto de tu dormitorio que te haga más feliz cuando lo miras. Sí, solo con mirarlo.

TAREA

Siéntate en el centro de la estancia sobre una alfombra, con las piernas cruzadas y los ojos cerrados. Haz pasar por tu imaginación toda tu historia con esa habitación. Recuerda la primera visita al piso, tus expectativas y tu estado de ánimo en la época e intenta recuperar el recuerdo de la primera noche que pasaste en el dormitorio. Ahora, pasa a una visión anual de tu experiencia con ese espacio y avanza progresivamente por los buenos y los malos recuerdos hasta llegar al momento actual. El momento en que has decidido organizarte.

Escribe el nombre de 3 objetos de este espacio que, si lo piensas bien, tienen que ver con un mal recuerdo. Escribe también una palabra clave relacionada con ese acontecimiento negativo:

..../...................................../...............................

Imagina qué nueva vida podrían tener. Lejos, en otras manos, en otro lugar:

....

....

SEMANA 1

EL SALÓN

Describe tu salón en pocas palabras:

....

....

Escribe 3 adjetivos que podrías utilizar para describir tu salón:

..../ ..../ ....

¿Qué es lo que te gusta de tu salón?

....

....

Dibuja el objeto de tu salón que te haga más feliz cuando lo miras. Sí, con solo mirarlo.

Escribe el nombre de 3 objetos de este espacio que, si lo piensas bien, tienen que ver con un mal recuerdo. Escribe también una palabra clave relacionada con ese acontecimiento negativo:

..../ ..../ ....

Imagina qué nueva vida podrían tener. Lejos, en otras manos, en otro lugar:

....

....

EL CUARTO DE BAÑO

Describe tu cuarto de baño en pocas palabras:

....

....

Escribe 3 adjetivos que podrías utilizar para describir tu cuarto de baño:

.... / .... / ....

¿Qué es lo que más te gusta de tu cuarto de baño?

....

....

Dibuja el objeto de tu cuarto de baño que te haga más feliz cuando lo miras. Sí, con solo mirarlo.

SEMANA 1

Escribe el nombre de 3 objetos de este espacio que, si lo piensas bien, tienen que ver con un mal recuerdo. Escribe también una palabra clave relacionada con ese acontecimiento negativo:

....................................../...................................../...........................

Imagina qué nueva vida podrían tener. Lejos, en otras manos, en otro lugar:

....

....

LA COCINA

Describe tu cocina en pocas palabras:

....

....

Escribe 3 adjetivos que podrías utilizar para describir tu cocina:

....................................../...................................../...........................

¿Qué es lo que más te gusta de tu cocina?

....

....

NO SER MATERIALISTA NO SIGNIFICA DESPRECIAR LOS OBJETOS

Por el contrario, significa valorarlos por lo que son y cuidarlos, para que vivan en la mayor armonía posible y durante el máximo tiempo posible.

Dibuja el objeto de tu cocina que te haga más feliz cuando lo miras. Sí, con solo mirarlo.

Escribe el nombre de 3 objetos de este espacio que, si lo piensas bien, tienen que ver con un mal recuerdo. Escribe también una palabra clave relacionada con ese acontecimiento negativo:

.... / .... / ....

Imagina qué nueva vida podrían tener. Lejos, en otras manos, en otro lugar:

....

....

PROSIGUE

... y repite este trabajo en todos los espacios de tu casa.

«NO TENGAS EN CASA NADA QUE NO SEPAS ÚTIL O QUE NO SEA AGRADABLE A LA VISTA.»

WILLIAM MORRIS

SEMANA 2

ORDENAR LA CASA:

¡ACCIÓN!

Has terminado el inventario de tu casa y, por lo tanto, el periodo de observación ya puede dar **paso a la acción**. Ordenarás la ropa como no lo has hecho jamás, por fin organizarás la biblioteca, tendrás un botiquín y un joyero depurados y funcionales, etcétera. Prepárate para una semana densa y repleta de **renovación**. Sin embargo, no confundas acción con precipitación y no dejes que tu mente piense en términos de lucha o de combate. Cambiar a «otra cosa» no significa odiar el pasado. No: los cambios que vas a llevar a cabo en casa deben hacerse desde la **buena voluntad** y paso a paso. Y con placer. El camino es tanto o más importante que el destino.

SEMANA 2

LA ROPA

¡Menudo caos! Los vestidores están muy de moda y parece que tanto hombres como mujeres fantasean con ellos. Y, sin embargo, son verdaderas trampas que nos llevan a acumular cada vez más prendas y accesorios. ¿O no es una locura tener decenas (si no centenares) de pares de zapatos? ¿Y qué decir de los percheros que ven desfilar una cantidad incalculable de camisas, faldas y pantalones? *«¡No tengo nada que ponerme!» «¡No encuentro la blusa azul!»* Una vez que hayas organizado tu armario, estas lamentaciones no volverán a salir de tu boca.

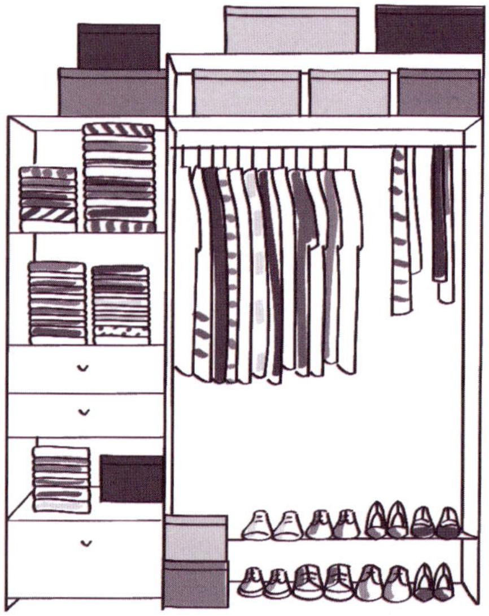

SELECCIÓN

1. **Vacía el armario** y pon toda la ropa en una zona determinada (en el suelo, sobre una sábana, sobre la cama o sobre una mesa grande). Prepara una segunda zona, donde colocarás la ropa que conservarás, una tercera para la ropa que darás, una cuarta para la ropa que hay que remendar y una quinta para la ropa que tirarás.

2. **Observa las prendas una a una.** Agradece que te hayan abrigado en invierno, que te hayan ayudado a tener buen aspecto el día de una cita, etcétera.

3. **Airéalas y dales un baño de luz** (idealmente solar). Ahora, tus prendas están cargadas de energía positiva.

4. Toma las prendas una a una y **redescúbrelas**. Recuerda cuándo las compraste, el estado de ánimo en que te encontrabas, etcétera.

5. **Responde a las preguntas siguientes:**

¿CUÁNDO ME LO PUSE POR ÚLTIMA VEZ? ¿EN QUÉ OCASIÓN?

Si hace más de 6 meses que no te has puesto esa prenda, es que ha llegado el momento de decirle adiós. Haz una excepción con las prendas indispensables para reuniones profesionales importantes, celebraciones, deporte, etcétera.

¿TENGO ESTA PRENDA POR DUPLICADO O INCLUSO POR TRIPLICADO?

Atención: los armarios regurgitan múltiples ejemplares de una misma prenda. ¿Necesitas de verdad 4 vaqueros, 3 camisas blancas y 10 pares de zapatillas deportivas?

¿PUEDO PONÉRMELO TAL Y COMO ESTÁ?

Sí o no, la respuesta será rápida.

SEMANA 2

¿NECESITA ALGÚN TRABAJO DE COSTURA?

Reúne por fin el valor y la energía para llevar esa falda que hay que acortar, remendar el agujerito de ese jersey que tanto te gusta y coser el botón que le falta al abrigo. Pruébate todas las prendas, para comprobar si siguen siendo de tu talla y si te sigues gustando con ellas puestas, etcétera. Conserva ese mismo impulso para POR FIN deshacerte de la ropa interior rota, las medias con carreras, las camisetas descoloridas en las axilas, los jerséis llenos de bolas...

¿LA VIDA ME PARECE MEJOR CUANDO LLEVO ESTA PRENDA?

A veces, la ropa es mágica. Sin saber por qué, cuando nos ponemos una prenda concreta nos sentimos un bellezón, una supermujer o un superhombre. ¡Hay que conservarla, por supuesto!

¿ME LA COMPRARÍA HOY? ¿ME GUSTA EL CORTE, EL COLOR...?

Responde sin pensar y con sinceridad.

Coloca cada prenda en la zona correspondiente en función de las respuestas que hayas dado. Obviamente, debe haber muchas menos prendas en la zona «Conservar.»

DESAFÍO RÁPIDO: LAS MIL Y UNA JOYAS

Con los años, las joyas se acumulan. Nos gustan durante un tiempo, nos las ponemos a diario, nos cansamos de ellas... Y vuelta a empezar con joyas nuevas. El ciclo no tiene fin y las compras, sobre todo cuando se trata de bisutería, son compulsivas.

1. Recorre la casa y reúne todas las joyas.
2. Separa las joyas de valor de la bisutería.
3. Guarda las joyas de valor y céntrate en la bisutería.
4. Examina cada pieza una a una y tira sin dudar:
   - Las que estén rotas o les falte algún elemento.
   - Los pendientes viudos.
   - Las piezas pasadas de moda que no volverás a ponerte.
   - Las que estén ennegrecidas y no puedan limpiarse.

SEMANA 2

ORGANIZACIÓN

1. Una vez que hayas finalizado la selección, céntrate en las prendas que has decidido conservar. Agrúpalas por tipos (todos los pantalones juntos, todas las camisetas de tirantes juntas, todos los jerséis juntos, etcétera). Hay personas a las que también les gusta ordenar por colores. Decide tú qué te funcionará mejor.

2. Si tienes cajones, enrolla las prendas y colócalas verticalmente, en lugar de las unas sobre las otras. Así, no olvidarás ninguna durante meses en el fondo de un montón, porque las verás todas cada vez que lo abras. Otras ventajas: ya no habrá marcas de pliegues y aprovecharás el espacio al máximo. Si tienes armarios con estanterías, dobla las prendas con mucho cuidado. Lleva a cabo todo el proceso de forma consciente y agradece de nuevo a cada prenda lo que te aportará durante los próximos meses.

3. Cajas de zapatos personalizadas para guardar los calcetines y la ropa interior, anillas de cortina de ducha dispuestas sobre la barra horizontal de un perchero para ordenar los pañuelos de cuello... ¡Hay mil y un trucos que pueden ayudarte a organizar la ropa!

¡ABRE LAS PUERTAS A LA BELLEZA!

Mima el aspecto del armario. Si tienes estanterías, decóralas con papel bonito (papel de fantasía, papel pintado, papel adhesivo, papel de estraza, etcétera). Si tienes colgador, deshazte de las abominables perchas de alambre que te han dado en la tintorería (o devuélvelas). Invierte en bonitas perchas de madera que harán resaltar tus prendas. El toque final: puedes colgar saquitos perfumados o vaporizar un poco de aceite esencial (la lavanda es muy eficaz contra las polillas).

ORGANIZAR EL RECIBIDOR

¡Sí! Convierte esta gran reorganización en un momento de alegría y acércate a los objetos como seres de pleno derecho.

Este espacio marca el tono del resto de la casa, así que hay que prestarle atención. A continuación encontrarás algunas claves para organizarlo de forma eficaz:

- Prepara un espacio para las llaves (un cuenco, ganchos, etcétera).
- Instala un colgador capaz de albergar los abrigos, las bufandas y otros accesorios de toda la familia.
- Dispón una pequeña caja de almacenaje para guardar los guantes, los paraguas plegables, los chubasqueros, las gafas, etcétera.
- Reserva una zona de la entrada para los objetos en tránsito (los que hay que reparar, donar...).
- Coloca una cesta para el correo.

LA PALABRA MÁGICA PARA TENER ÉXITO EN ESTE PROCESO DE ORGANIZACIÓN TOTAL ES:

«¡Placer!»

SEMANA 2

DESAFÍO RÁPIDO: LOS ZAPATOS

1. Prepara una zona de trabajo en una habitación con espacio. Cubre el suelo con papel de periódico para protegerlo (unos 2 m^2).
2. Reúne todos los zapatos, tanto los de verano como los de invierno y tanto los que tengas guardados como los más accesibles. Alinea todos los pares **en una fila única**... Es posible que te sorprenda la cantidad de zapatos y la longitud total de la fila.
3. Con toda seguridad, redescubrirás zapatos que habías olvidado por completo... ¿Por qué no te los has puesto desde hace tanto tiempo? ¿Te gustan? ¿Cuadran con tu estilo de vestir? ¿Están estropeadas? ¿Te hacen daño?
4. Tira directamente todos los que estén en mal estado y que no puedan ni repararse ni donarse.
5. Mete en la lavadora todas las zapatillas de deporte y los zapatos de tela. Acuérdate de quitar los cordones (pero lávalos igualmente). Limpia y aplica betún a todos los zapatos de piel. Limpia con una esponja y agua con jabón todo el calzado sintético.
6. Lleva al zapatero todos los pares que necesiten reparación (medias suelas, trabillas, etcétera).
7. Dona o vende los pares de los que quieras separarte (no son de tu talla, ya no te gustan, etcétera).
8. Ordena todos los zapatos en un mismo sitio, en un mueble específico y, a poder ser, en la entrada.

ORGANIZAR LA COCINA

- Deshazte de los utensilios repetidos y de los que baste con tener un solo ejemplar.
- Clasifica por categorías todos los utensilios (por ejemplo, todos los cuchillos juntos, desde el cuchillo de la mantequilla al cuchillo del pan).
- Despeja al máximo la superficie de trabajo y el fregadero: las botellas de aceite, los tarros de condimentos, el estropajo y el lavavajillas tienen que estar o en estanterías o en armarios.
- Tira los recipientes reutilizables que se acumulan en el fondo de los armarios (como las cubiteras viejas).
- Selecciona los productos de limpieza.
- Selecciona los productos de alimentación (¿tienen bichos? ¿se han enmohecido?). Tira los que ya no sean utilizables y ordena el resto por categorías. Las harinas juntas, las conservas juntas, las legumbres juntas, etcétera.
- Vacía y limpia el frigorífico con un producto de limpieza o con vinagre blanco y un poco de agua caliente, si deseas una solución económica y natural. No te preocupes. El olor a vinagre desaparecerá en cuestión de horas.
- Tira lo que ya no sea consumible.
- Ordena los alimentos por tipos: las mermeladas juntas, las verduras en el cajón correspondiente, los yogures en el mismo estante, etcétera. Recuerda que los frigoríficos tienen 4 zonas:
    - La zona fría (la mitad superior de las estanterías), para colocar los alimentos frágiles, como la carne y el pescado crudos o los platos que hay que descongelar.
    - La zona fresca, que debe estar a 4 °C (la mitad inferior de las estanterías), para los productos muy perecederos, como los lácteos y la carne y el pescado cocinados.
    - El cajón de verduras.
    - La puerta (la zona menos fría), para los condimentos, los huevos y las mermeladas.
- Limpia toda la cocina a fondo una vez a la semana.

- Cuelga en la pared una libreta para ir apuntando la lista de la compra para la semana siguiente.
- No demores ninguna tarea en la cocina. Los platos se friegan justo después de comer. Del mismo modo, la limpieza de los cuencos y cazos utilizados durante la elaboración de la comida debe hacerse inmediatamente y debe entenderse como la fase final de la elaboración de la receta.
- Limpia a diario la superficie de trabajo con una bayeta.

¡RECUERDA!

La fecha de caducidad que aparece en el empaquetado de los productos tras la mención «Consumir antes de» indica la fecha hasta la que puede consumirse el producto. Una vez superada, el producto no es apto para consumo.

La fecha de consumo preferente que aparece en el empaquetado de los productos tras la mención «Consumir preferentemente antes de» en los productos secos, ultracongelados y las bebidas, indica una fecha que sí puede superarse. El producto puede consumirse sin riesgo, pero es posible que haya perdido alguna cualidad (nutricional, estética, etcétera).

ALGUNOS CONSEJOS

- Separa los alimentos crudos de los cocinados.
- Tira el embalaje exterior de cartón o de plástico de los productos que acabas de comprar.
- Pon en primera línea los productos con las fechas de consumo límite más próximas.
- Para evitar la proliferación de bacterias, limpia el frigorífico una o dos veces al mes.

SEMANA 2

DESAFÍO RÁPIDO: EL CAJÓN DE SASTRE DE LA COCINA

Todos tenemos ese cajón. Lo vemos a diario, pero en realidad no sabemos exactamente qué hay dentro. Mantener tamaño revoltijo no es bueno para la armonía de la casa y, por lo tanto, tampoco para la de tu alma. ¡Al ataque!

1. Instálate junto a una mesa limpia y totalmente despejada y vacía sobre la misma todo el contenido del cajón. Te sorprenderá ver todos esos objetos, utensilios e incluso porquería que sale de ahí.
2. Los «desaparecidos». ¡Mira, un clip! ¡Una goma! Guárdalos junto a sus hermanos y hermanas en el lugar que les corresponde.
3. Los «reciclables». ¡Aún más pilas usadas! Rápido, llévalas al contenedor de pilas del supermercado.
4. Los «prescindibles».
   - ¿Por qué has guardado durante años un fragmento de taza o un asa rota?
   - ¿Y las recetas que recortaste de una revista hace ya casi diez años? ¿Las vas a preparar? La respuesta es un rotundo no.
   - Aaaaah, las postales que te enviaron años ha tus amigos, con un estilo literario tan extraordinario: «¡Es genial! Sol y playa. Besos».
   - Y todos esos... eh, bueno, en realidad no sé ni lo que son.

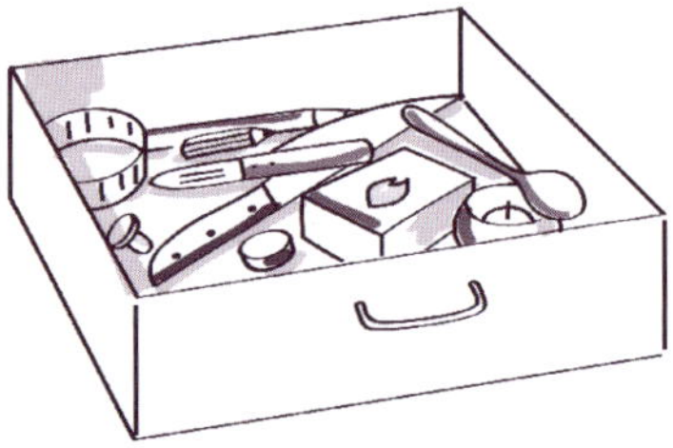

¿Y LOS PAPELES?

Revisa y tira tantos papeles administrativos como puedas y, por ejemplo, digitaliza una parte de los mismos. Sin embargo, es indispensable que conserves en papel los documentos siguientes:

Seguros
Recibos, avisos de vencimiento, cartas de anulación: 2 años.

Vehículo
Multas: 3 años.
Facturas (compra, reparación): mientras tengas el vehículo.

Banca
Ingresos, comprobantes del talonario: 5 años.
Contrato de préstamo: 2 años.
Cheques que cobrar: 1 año y 8 días.

SEMANA 2

Familia

Libro de familia, registro matrimonial, acta de reconocimiento de un hijo, sentencia de divorcio, actas de estado civil: de por vida.
Aviso de subvenciones familiares: 3 años.

Vivienda

Facturas de agua y de electricidad: 5 años.
Factura de teléfono (fijo y móvil): 1 año.
Contrato de alquiler, inventario, recibos de alquiler: 3 años.
Escritura de propiedad: de por vida.
Informe del mantenimiento periódico de la caldera: 2 años.

Impuestos/Tasas

Declaraciones de ingresos e impuesto sobre la renta: 6 años.
Recibos de impuestos locales (contribución, IBI): 1 año.

Trabajo/Desempleo/Jubilación

Nóminas, contratos de trabajo, certificado de trabajo: hasta la liquidación de la jubilación.
Certificado de empresa: hasta la obtención de la prestación de desempleo.
Finiquito: 6 meses.

Salud

Tarjeta sanitaria: de por vida.
Análisis, radiografías: de por vida.
Resumen de la prestación de baja por enfermedad y maternidad: 2 años.
Recetas: 1 año.

Guarda estos documentos en carpetas o clasificadores con secciones separadas para cada tema.

DESAFÍO RÁPIDO: MI PEQUEÑA OFICINA DE CORREOS

¿Quién no ha corrido por toda la casa buscando un sello? ¿Y papel de carta decente? *¿Es que no hay papel de carta en toda la casa?* Mete en una caja todo lo necesario para la correspondencia postal. Esa cajita cambiará muchas cosas en tu día a día: ganarás fluidez y las cartas saldrán siempre a tiempo.

1. Busca una caja grande (un mínimo de 22 cm x 30 cm).
2. Compra, como mínimo, 30 sellos, sobres de varios tipos y tamaños, tarjetas de correspondencia y un paquete de papel A4.
3. Coloca armoniosamente todos esos elementos en la caja. Si lo deseas, puedes añadir unas tijeras, una goma, un lápiz, cinta adhesiva, una regla, etcétera.
4. Coloca la caja en una zona accesible del recibidor o en el despacho.

Sigue exactamente el mismo proceso para **los útiles de costura, las herramientas de bricolaje** y **la limpieza de los zapatos**. Siempre todo en una misma caja, para que sea funcional y práctico. ¡Qué placer encontrar un clavo en un abrir y cerrar de ojos, remendar un calcetín sin haber tenido que buscar hilo y aguja durante horas y limpiar los zapatos rápida y eficazmente antes de salir de casa!

SEMANA 2

LA BIBLIOTECA

Ah.... Qué gratificante poder mostrar a nuestros invitados una biblioteca desbordante de libros. Sin embargo... seamos sinceros: ¿Has leído todos esos libros? ¿Te han gustado todos? ¿Qué parte de los libros has comprado impulsivamente y no leerás jamás? ¿Qué libros se remontan a tu época de estudiante y te producen horror con solo mirarlos? ¿Qué parte de los libros tienes porque queda bien tenerlos? Y ¿qué parte de los libros has leído y, sobre todo, disfrutado? ¡Ha llegado la hora de ponerse a ordenar!

¿POR QUÉ COMPRAR?

¡Comprar, comprar, siempre comprar! ¿Por qué no te sacas el carnet de la biblioteca municipal de tu ciudad o de tu barrio?

REVISTAS

¿Te cuesta separarte de tus revistas preferidas? Cuando las leas, dobla las esquinas de las páginas con los artículos que más te hayan interesado y que te gustaría conservar para releerlos. Cuando llegue el momento de tirar las revistas, arranca con cuidado las hojas que hayas marcado y guárdalas en un archivador, por temas.

- Despeja la biblioteca. Saca el polvo a las estanterías y a los libros, uno a uno. Recupera todos los libros que tengas repartidos por casa (en el dormitorio, en el lavabo, etcétera) y reúnelos en un mismo espacio.
- Dedica el tiempo necesario para volver a sumergirte en todos estos libros. Seguro que algunos serán una sorpresa magnífica, pero habrá otros que harán que te preguntes en qué diantres estabas pensando cuando los compraste.
- Saca los libros de uno en uno y pregúntate si los conservas por un buen motivo, si ya los has leído o si tienes la seguridad de que los leerás en un futuro próximo. ¿DE VERDAD te vas a meter con esas recetas de cocina molecular? ¿DE VERDAD quieres profundizar en la obra de Derrida? ¿DE VERDAD quieres conservar ese cómic que no te ha gustado nunca?
- Vuelve a colocar en la biblioteca los libros que hayas decidido conservar. Ordénalos por tema (o autor), luego por tamaño (y, ¿por qué no por color, para terminar?)
- ¡Deja espacios libres!

¡UN LIBRO NO SE TIRA JAMÁS!

Dáselos a un amigo, véndelos en un rastro, a una tienda de libros de segunda mano, por internet... ¡son muchas las maneras en que puedes separarte de tus libros sin tirarlos!

SEMANA 2

EL CUARTO DE BAÑO

Si decimos que la casa es como un segundo cuerpo, entenderemos rápidamente lo importante que es cuidar del cuarto de baño.

DESAFÍO RÁPIDO: EL BOTIQUÍN

1. Vacía el botiquín.
2. Limpia el interior del botiquín.
3. Comprueba la fecha de caducidad de todos los medicamentos.
4. Reúne todos los que hayan caducado y los restos de tratamientos ya terminados.
5. Vuelve a colocar los medicamentos que vayas a conservar. Clasifícalos por tipos (tubos de homeopatía, aceites esenciales, etcétera) o por indicaciones terapéuticas (resfriado, dolor de cabeza, etcétera) en cestitos, que también puedes etiquetar.
6. Mete en un sobre todas las recetas vigentes y guárdalo en el botiquín.

SEMANA 2

¡OPERACIÓN DESPEJE!

Vas a tirar:

- Los productos de belleza caducados.
- Las toallas y las manoplas demasiado usadas, agujereadas y desteñidas (mételas en un contendor para reciclar ropa).
- Los aparatos inútiles.
- Los cepillos que tengas por duplicado... ¡o por triplicado!
- Las gomas de cabello que ya solo tienen elástico en el nombre.
- Los pasadores fluorescentes que conservas desde la adolescencia y que te avergüenzan.
- Los cepillos a los que se les han caído cerdas.
- Todas las muestras que has coleccionado pacientemente, pero que no usarás jamás. ¡No tienes la piel grasa y no quieres una hidratante bronceadora para el rostro!
- Los frascos vacíos.

CAMBIAR DE COSTUMBRES

Esfuérzate en **dejar a un lado los productos nuevos** que aún no has abierto y en **acabar todos los frascos de un producto antes de abrir otro**.
Cambia tus hábitos de consumo y compra lo estrictamente necesario. Con frecuencia, la multiplicación de productos no es más que una estrategia de marketing que nos impulsa a consumir más. Intenta no superar la **decena de frascos** en el cuarto de baño (gel de ducha y crema hidratante incluidos).
Si algún producto no cumple tus expectativas o no te va bien, **acostúmbrate a regalárselo a una amiga**. Efectivamente, la crema de noche para una «piel de princesa» de la marca mírame-y-no-me-toques hará feliz a otra persona.

DESAFÍO RÁPIDO: EL NECESER DE MAQUILLAJE

Créeme cuando te digo que cuanto más completo sea tu neceser de maquillaje, más tardarás en maquillarte por la mañana, incluso si siempre utilizas los mismos productos. **Perderás tiempo abriéndote paso entre el mar de productos.**

1. Vacía el neceser o los neceseres de maquillaje sobre una mesa despejada y limpia.
2. Repasa toda la casa y el interior de todos los bolsos para recuperar artículos desperdigados.
3. Pon el neceser de maquillaje en remojo en un poco de agua con jabón. El agua no tardará en enturbiarse...
4. Ahora empapa un algodón en agua micelar y limpia el exterior de todos los productos que, como ya sabrás, con el paso de los meses tienden a ensuciarse de polvo, de maquillaje y otras sustancias.
5. Cuando lo hayas limpiado todo, coloca todos los elementos planos y un poco separados los unos de los otros sobre la superficie de trabajo.
6. Tira todo lo que debas tirar: la máscara de pestañas seca, el maquillaje con aspecto raro, los productos que te producen alergia, etc.
7. Regala a una amiga todo lo que puedas: la sombra de ojos que ya no te gusta, el antiojeras cuyo color no te va, el colorete que tienes triplicado, etcétera.
8. Crea compartimentos en un neceser grande y agrupa los productos por tipo (sombras de ojos, lápiz de labios, etcétera). Si no puedes crear compartimentos, utiliza varios neceseres pequeños que luego meterás en uno grande.

SEMANA 2

Agrupa los productos en función de su uso:

- Todos los productos de manicura en un neceser pequeño (esmalte de uñas, lima, tijeras, etcétera).
- Todos los productos de peluquería siempre quedan mejor en una misma caja, bonita y decorada (secador, planchas, cepillos, peines, horquillas, diademas, etcétera).
- Los productos de depilación en un neceser grande (cuchillas, bandas de cera, etcétera).
- El champú, el gel de ducha y el exfoliante (¡nada más!) en la repisa de la bañera o en una estantería de ducha.
- Las toallas y las manoplas en el mismo sitio.
- Los productos de limpieza en una caja cerrada.

Limpia a fondo el cuarto de baño una vez a la semana.

¡ESTO INCUMBE A TODA LA FAMILIA!

Después de pasar por el cuarto de baño, cada miembro de la familia debe:

- Enjuagar el lavabo, la bañera o el plato de ducha.
- Airear el espacio, para evitar la condensación y la humedad.
- Dejarlo todo en orden.

No dudes en pegar una lista con las normas en la puerta...

RESUMEN DE LA SEGUNDA SEMANA DE REORGANIZACIÓN

SEMANA 3

PONER EN ORDEN LA VIDA DIGITAL

¿Tus días están llenos de etiquetas llamativas (#blessed, #mishijossonmivida), *selfies*, notificaciones y correos electrónicos? ¿Te da pavor el mero hecho de pensar que puedas olvidarte el móvil en casa? ¿Pasas un mínimo de una hora diaria al teléfono? ¿Sabes dónde ha pasado las vacaciones Marta Pérez, a pesar de que hace más de veinte años que no la ves? ¿Tu mayor preocupación a la hora de programar las vacaciones es «Sí, cariño, pero ¿tienen wifi en el refugio?»? ¿Sueles mirar la serie de la que todo el mundo habla en Netflix mientras consultas los correos electrónicos en la tableta? **¿No será que estás en-gan-cha-do?** Al principio, parece que esta esfera hiperconectada nos da acceso a muchos amigos, a muchas ideas y a muchas emociones agradables. El problema es que ese mucho se convierte rápidamente en un nada, en un vacío inmenso. Y, muy pronto, el cuerpo empieza a emitir señales de batería baja, en forma de fatiga, depresiones leves, periodos de estrés sin explicación, pequeñas dolencias físicas o emocionales, etcétera. **Esta hiperconexión es nociva, es como una droga.** Poner orden en la vida digital es uno de los reflejos que debemos adquirir si deseamos una vida más tranquila y serena. Sin embargo, para ello hay un paso previo imprescindible: ¡pasar por **una desintoxicación digital**! Lejos de las pantallas y de las URL, y, una vez que hayas superado el mono, verás cómo se multiplica tu energía y recuperas el buen humor.

SEMANA 3

HAGAMOS BALANCE

¿CUÁL ES TU GRADO DE ADICCIÓN DIGITAL?

1. Esperas con impaciencia que respondan a tu correo electrónico, pero la respuesta tarda en llegar...

- △ Vamos, lo apagas todo y ya te la encontrarás mañana.
- ☆ Te vas a dormir... pero te despiertas a medianoche para comprobar la bandeja de entrada.
- ○ No te vas a dormir hasta que recibes el correo.

2. ¿Navegas por internet durante la jornada laboral?

- △ No, anda, ¡NUNCA! De todos modos... todo está bloqueado.
- ○ No. Ah, bueno, sí, es cierto que respondo a todos los mensajes personales y miro algunos vídeos en el móvil. Pero eso no cuenta, ¿no?
- ☆ Sí, COMO TODO EL MUNDO, VAMOS.

3. Una copa entre amigos después del trabajo

- ☆ El móvil se queda en el bolso.
- ○ Dejas el móvil sobre la mesa sin ni siquiera pensarlo.
- △ Te metes el móvil en el bolsillo de la chaqueta.

4. Tu despertar habitual se parece más a:

- △ Silencio + despertar poco a poco.
- ○ Música + notificaciones.
- ☆ Alarma del móvil + radio.

5. ¿Cuántas veces al día consultas el correo electrónico?

- 1 o 2 veces al día.
- No sabría decirlo, pero varias veces al día.
- Depende mucho del día.

6. ¿En cuántas redes sociales estás?

- Facebook y ya es bastante.
- Facebook, pero reenvío las publicaciones a mi cuenta de Twitter, que tengo vinculada a la de Instagram. Así todo es más fácil.
- ¿En cuántas qué?

7. Para mí, hacer la compra rima con:

- Con conducir.
- Me gusta ver lo que compro.
- Clic + clic + clic = validar el pedido.

8. ¿Sueles superar tu hora de ir a dormir por culpa de las pantallas (vídeos, correos, redes sociales)?

- Por supuesto que no. Claro que... bueno... sí. La verdad es que me cuesta levantarme por la mañana.
- No, leo.
- A veces, ocasionalmente.

9. Sales a dar una vuelta y te has dejado el móvil en casa.

- Estás a punto de dar media vuelta, pero al final decides seguir con el paseo.
- Subes la escalera de casa de cuatro en cuatro.
- Ni siquiera me he dado cuenta de que no lo llevo encima.

10. Te vas de viaje. ¿Qué les dices a tus amigos?

- △ Hasta pronto, vuelvo dentro de 17 días. ¡Os llamaré cuando haya vuelto!
- ☆ Os enviaré un correo para avisar de que he llegado bien.
- ○ De todos modos, lo subiré todo a Facebook e Instagram.

11. Para ti, encontrar el amor en internet es:

- ☆ Cada vez pienso más en ello. Sé de muchas parejas que se han conocido así, pero aún no me atrevo...
- △ ¡No me gustan estas cosas tan modernas! La vida, la vida de verdad, eso es lo único que cuenta. (¿Cómo? Sí, sigo soltero... ¿Y?)
- ○ ¡Meetic/Adoptauntío/Parship/Facebook!

12. Un día festivo en tu casa es:

- △ Un buen momento para estar con la familia o con los amigos, lejos de la vida virtual.
- ○ IN-MOR-TA-LI-ZAR cada instante, foto a foto.
- ☆ Una foto bonita en Facebook.

13. Si te dicen «videojuego», respondes:

- △ Un mundo desconocido.
- ☆ Sonic®, Sega®, Mario y Nintendo®, la década de 1990.
- ○ Candy Crush® - Candy Crush® - Candy Crush® - Candy Crush®

14. ¿Cuántos blogs lees semanalmente?

- △ Ninguno
- ☆ 1 o 2, no más.
- ○ Bueno, está el blog de moda, el de cocina, el del mundo del cómic, el de Street Style, el de...

15. Para ti, unas vacaciones sin conexión a internet son...

- ○ ¡Sencillamente imposibles!
- △ ¡Unas vacaciones de verdad!
- ☆ Algo que asusta un poco, pero que vale la pena probar.

RESULTADOS:

Mayoría de ▲:

¡Eres razonable! Usas los aparatos digitales y de conexión en su justa medida. Mantienes el control y los usas cuando realmente lo necesitas o te apetece. No te supone un problema alejarte de las pantallas durante un tiempo. Conserva esta relación con la hiperconexión y resiste: ¡la presión social es enorme!

Mayoría de ★:

¡Estás algo enganchado! La agenda del móvil, los correos electrónicos, los grupos de Facebook... Crees que usas estas herramientas con moderación y para cosas realmente útiles, pero... ¿es así de verdad? ¿No estás más enganchado de lo que crees? ¿Podrías hacerlo de otro modo?

Mayoría de ●:

Eres un adicto al mundo digital... Cuidado, porque aunque este ritmo y esta hiperconexión te parezcan positivos y emocionantes, el punto de bloqueo no está lejos. La vida profesional y la vida personal se encajan en una conexión global permanente que desdibuja las fronteras de los dos universos. Lejos de tu melodía interna y de tu yo profundo, corres el riesgo de sufrir una sobredosis. Y es que parece que lo digital ocupa todos los planos de tu vida. ¡ES NECESARIA UNA DESINTOXICACIÓN DIGITAL!

Acabas de recibir el veredicto... Apunta a continuación qué piensas. ¿Hay otras anécdotas que puedas escribir aquí y que te ayuden a entender tu relación con el mundo digital?

....

....

....

¿ESTÁS EN LA ZONA ROJA?

Responde a estas afirmaciones sin pensar:

- Leo por encima, no en profundidad, los textos más largos en la pantalla.
  - ☐ Sí
  - ☐ No

- Me falta paciencia y me enojo con facilidad.
  - ☐ Sí
  - ☐ No

- Duermo mal.
  - ☐ Sí
  - ☐ No

- Necesito hacer varias cosas a la vez, o me parece que me aburro. Vivo en modo zapping.
  - ☐ Sí
  - ☐ No

- Me cuesta mucho conciliar el sueño por la noche.
  - ☐ Sí
  - ☐ No

- En mi vida virtual soy muy activo y estoy muy solicitado, pero me siento solo.
  - ☐ Sí
  - ☐ No

- Si no fuera por Facebook, felicitaría muy pocos cumpleaños. ¡Es muy difícil retener todas las fechas!
  - ☐ Sí
  - ☐ No

- Levantarme por la mañana me cuesta mucho.
  - ☐ Sí
  - ☐ No

- Hago varias cosas a la vez gracias a todas mis conexiones.
  - ☐ Sí
  - ☐ No

- Hago varias cosas a la vez gracias a mis conexiones, pero me parece que no me va del todo bien.
  - ☐ Sí
  - ☐ No

- Hago muchas cosas a la vez gracias a mis conexiones, pero me parece que eso me ralentiza en todo lo que tengo que hacer.
  - ☐ Sí
  - ☐ No

- Hago muchas cosas a la vez gracias a mis conexiones, pero me parece que a veces es perjudicial (por ejemplo, leo SMS mientras cruzo la calle).
  - ☐ Sí
  - ☐ No

- No consigo leer artículos de periódico enteros.
  - ☐ Sí
  - ☐ No

Cuenta cuántas veces has contestado «sí» a estas afirmaciones y trasládalas al barómetro que ves a continuación, para averiguar si estás en la **zona roja**.

¡Cuidado! ¡Te aconsejo encarecidamente una desintoxicación digital!

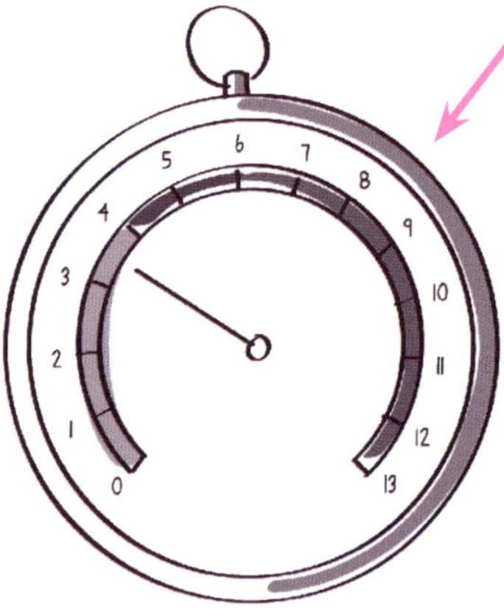

TOMAR CONCIENCIA DEL CONSUMO «DIGITAL»

		Redes sociales	Mensajería	Comercio electrónico	Páginas informativas	Blogs
Lunes	Horas de conexión durante el día	....	....	....	....	....
	Horas de conexión durante la tarde-noche	....	....	....	....	....
Martes	Horas de conexión durante el día	....	....	....	....	....
	Horas de conexión durante la tarde-noche	....	....	....	....	....
Miércoles	Horas de conexión durante el día	....	....	....	....	....
	Horas de conexión durante la tarde-noche	....	....	....	....	....
Jueves	Horas de conexión durante el día	....	....	....	....	....
	Horas de conexión durante la tarde-noche	....	....	....	....	....
Viernes	Horas de conexión durante el día	....	....	....	....	....
	Horas de conexión durante la tarde-noche	....	....	....	....	....

SEMANA 3

		Redes sociales	Mensajería	Comercio electrónico	Páginas informativas	Blogs
Sábado	Horas de conexión durante el día	....	....	....	....	....
	Horas de conexión durante la tarde-noche	....	....	....	....	....
Domingo	Horas de conexión durante el día	....	....	....	....	....
	Horas de conexión durante la tarde-noche	....	....	....	....	....

- Lo que me salta a la vista:

....

....

....

- Mis sensaciones (¿Todos estos momentos te han aportado alegría? ¿Hubieras preferido hacer otra cosa con tu tiempo?):

....

....

....

- Si esta semana no hubiera pasado tantas horas en internet, habría podido:

....

....

....

- El lunes habría podido:

....

- El martes habría podido:

....

- El miércoles habría podido:

....

- El jueves habría podido:

....

- El viernes habría podido:

....

- El sábado habría podido:

....

- El domingo habría podido:

....

¿QUÉ ES UN NATIVO DIGITAL?

Es una persona nacida a partir del año 2000, al mismo tiempo que la tecnología digital.

SEMANA 3

		Películas	Series de televisión	Vídeos de YouTube	Videojuegos (en cualquier soporte)
Lunes	Horas de conexión durante el día	....	....	....	....
	Horas de conexión durante la tarde-noche	....	....	....	....
Martes	Horas de conexión durante el día	....	....	....	....
	Horas de conexión durante la tarde-noche	....	....	....	....
Miércoles	Horas de conexión durante el día	....	....	....	....
	Horas de conexión durante la tarde-noche	....	....	....	....
Jueves	Horas de conexión durante el día	....	....	....	....
	Horas de conexión durante la tarde-noche	....	....	....	....
Viernes	Horas de conexión durante el día	....	....	....	....
	Horas de conexión durante la tarde-noche	....	....	....	....

		Películas	Series de televisión	Vídeos de YouTube	Videojuegos (en cualquier soporte)
Sábado	Horas de conexión durante el día	....	....	....	....
	Horas de conexión durante la tarde-noche	....	....	....	....
Domingo	Horas de conexión durante el día	....	....	....	....
	Horas de conexión durante la tarde-noche	....	....	....	....

- Lo que me salta a la vista:

  ....

  ....

  ....

- Mis sensaciones (¿Todos estos momentos te han aportado alegría? ¿Hubieras preferido hacer otra cosa con tu tiempo?):

  ....

  ....

  ....

- Si esta semana no hubiera pasado tantas horas delante de una pantalla, habría podido:

  ....

  ....

  ....

SEMANA 3

- El lunes habría podido:

....

- El martes habría podido:

....

- El miércoles habría podido:

....

- El jueves habría podido:

....

- El viernes habría podido:

....

- El sábado habría podido:

....

- El domingo habría podido:

....

¡UNA PREGUNTITA!

¿Qué me pierdo de la vida por todo el tiempo que paso frente a una pantalla?

¿POR QUÉ ESTÁS TAN CONECTADO?

Si te identificas con estas afirmaciones, toma distancia y reflexiona sobre la situación:

- Me da miedo quedar excluido de mi círculo de amigos.
  - ☐ Sí
  - ☐ No

  Pero en realidad ....

- La vida virtual me permite escapar de lo cotidiano.
  - ☐ Sí
  - ☐ No

  Pero en realidad ....

- Mis amigos me decepcionan.
  - ☐ Sí
  - ☐ No

  Pero en realidad ....

SEMANA 3

- Me aburro, sueño con otra vida.
  - ☐ Sí
  - ☐ No

  Pero en realidad ....

- Mi vida me decepciona.
  - ☐ Sí
  - ☐ No

  Pero en realidad ....

- Me da miedo perderme una noticia.
  - ☐ Sí
  - ☐ No

  Pero en realidad ....

- No me gusta mi trabajo.
  - ☐ Sí
  - ☐ No

  Pero en realidad ....

- La vida real me parece insulsa.
  - ☐ Sí
  - ☐ No

  Pero en realidad ....

- Me da miedo dejar de estar al día de las tendencias.
  - ☐ Sí
  - ☐ No

  Pero en realidad ....

- Así evito pensar en mis problemas.
  - ☐ Sí
  - ☐ No

  Pero en realidad ....

- Me gusta imaginar que la gente envidia lo que dejo entrever de mi vida en las redes sociales.
  - ☐ Sí
  - ☐ No

  Pero en realidad ....

- Me veo mejor en Instagram que en el espejo.
  - ☐ Sí
  - ☐ No

  Pero en realidad ....

- Pienso que la vida de los demás es MUCHO MÁS interesante que la mía (más viajes, más alegría, más belleza, más amigos, etcétera).
  - ☐ Sí
  - ☐ No

  Pero en realidad ....

SEMANA **3**

TAREA DIARIA

▽ 🕒 HOY

08:07	Outlook.com/Conexión
08:34	Facebook/perfil de Marta Pérez
09:01	El tiempo/El tiempo en Barcelona
10:42	Doctissimo/¿Dolor de cabeza grave?
13:10	Objetivo bienestar/ Cambiar de trabajo ¿Te atreves?
13:32	Doctissimo/Dolor de cabeza que no se va, miedo a morir ¡ayuda!
17:00	Tusrecetas.com/Receta de bizcocho de chocolate infalible
18:15	Lasexta.com/Huelga de trenes de cercanías
18:21	Instagram/Lorenzo Mazo
18:23	El blog de Penélope
18:26	agag.com
18:30	TV Magazine
19:10	Twitter/Sonia Márquez
19:25	Ahora/Parejas que impresionan
20:06	SciencePost/¿Por qué los gatos mueven el trasero antes de atacar?

en la oficina (08:07–17:00)

de vuelta en casa (18:15–20:06)

Esta prueba es infalible: repasa cada noche (no demasiado tarde) **tu historial de navegación en internet...** ¡Cuánto tiempo perdido! Una pregunta: ¿Qué recuerdas de tus paseos digitales? Normalmente, seguro que bien poco.

DESINTOXICARSE DE LAS REDES SOCIALES

¿Y si dejaras de mirar la vida de los demás por internet?

Ten en cuenta que:
Solo 20 minutos de Facebook + *Solo* 10 minutos en Twitter + *Solo* 30 minutos en Adoptauntío + *Solamente* 40 minutos en blogs de cocina/moda/belleza + *Solamente* 20 minutos en Instagram

¡YA SUMAN **2 HORAS DIARIAS**!
¡CUÁNTO TIEMPO PERDIDO!

¡A MEDITAR!

¿No sería mejor que empezaras a correr tú misma, en lugar de mirar las fotos de Marta Pérez, la chica perfecta con «Camiseta reflectante, nalgas de acero y rostro alegre»?
¿No sería mejor que empezaras a cocinar platos deliciosos y sanos y a engullir batidos verdes en lugar de poner «Me gusta» en Facebook?

EJERCICIO

Blogs/perfiles/ cuentas que consulto con regularidad o a diario	**Qué anhelo** ¿Por qué me fascinan estas cuentas? ¿En qué querría que se les pareciera mi vida?	**Mi objetivo** Apunta un objetivo para hacer algo de lo que te hace soñar en esas cuentas y cúmplelo dentro de las 4 próximas semanas.
....	....	....
....	....	....
....	....	....
....	....	....
....	....	....

SEMANA 3

ZONAS Y PERIODOS PROHIBIDOS A LOS DISPOSITIVOS CONECTADOS:

- Una hora antes de acostarte.
- ¡Por la noche, obviamente! Todos los móviles de la familia han de estar apagados y dentro de una caja alejada de las miradas.
- Por la mañana, al despertarse y durante la hora siguiente. ¿Estamos? Consultar el móvil no ha de ser jamás el primer gesto del día.
- Los domingos.
- Cuando te tomas un café con amigos.
- En la cocina, mientras preparas la comida.
- En el dormitorio.
- En el cuarto de baño (¿de dónde ha salido la moda de mirar vídeos en el baño?
- ¡Durante una cita!

¡PROTEGE TU REPUTACIÓN DIGITAL!

¿Ya te has buscado en Google? ¿No? ¡Mentira! Y si has dicho la verdad, te equivocas al no hacerlo regularmente. Los algoritmos de Google son como apisonadoras, que pueden poner en primer plano las cosas poco importantes, en el mejor de los casos, o cosas que uno desearía olvidar, en el peor.

Poner orden en la vida de uno significa también poner orden en la huella digital que dejamos detrás de nosotros. Es lo que conocemos como **reputación digital**. Estas son algunas de las cosas que deberías comprobar:

- Las fotos comprometidas en las cuentas de Facebook de tus amigos.
- Las distintas cuentas que has ido dejando caer en el olvido y, con frecuencia, con imágenes de perfil no demasiado convenientes (perfiles en redes sociales que han caído en desuso, por ejemplo).
- Los perfiles profesionales en redes como LinkedIn o Viadeo. ¿Está al día toda la información? ¿La foto de perfil es reciente y sobria? ¿Has elegido la misma fotografía para las distintas redes profesionales (es lo que se aconseja)?

Si alguna información «reaparece» en las listas de los motores de búsqueda, puedes recurrir a alguna de las empresas especializadas en «borrar» (al menos aparentemente) las informaciones sobre ti que preferirías que desaparecieran.

SEMANA 3

RECUERDA

Ten siempre presentes los pensamientos insidiosos que suelen invadirte cuando llevas mucho tiempo frente a las pantallas.

- Sensación de vacío.
- Tristeza.
- Depresión (una tarde «acosando» a alguien por las redes sociales nunca es una buena tarde).
- Culpabilidad (con frecuencia asociada a la procrastinación latente).
- Cansancio físico.
- Cansancio emocional.
- Irritación con uno mismo.

¡UN *GEEK*! ¿UN QUÉ?

Aunque cuesta dar una definición precisa, un *geek* es con frecuencia, y entre otras cosas, un apasionado de los videojuegos, de las nuevas tecnologías y de la informática.

PEQUEÑOS TRUCOS PARA EL DÍA A DÍA

- Suprime los juegos y otras aplicaciones que llevan a caer en la tentación y se comen el tiempo.
- Apaga el móvil lo antes posible.
- ¿Has vuelto a visitar el muro de todos tus amigos de Facebook? ¿No acabas contaminado por los posts de esa o aquella persona? ¿Por sus ideas, etcétera?

- En el trabajo, no dejes ninguna ventana de internet abierta, ni siquiera minimizada.
- Desactiva los avisos de llegada de mensajes.
- Intenta no leer inmediatamente tus WhatsApps.

¿SABÍAS QUE...?

Hay aplicaciones que te ayudan a desconectar. Sí, es irónico, pero a algunos les va muy bien. Investiga aplicaciones como «Forest» u «Offtime».

GESTIONAR BIEN LA BANDEJA DE ENTRADA

A continuación encontrarás algunos trucos para no acabar ahogado en correos electrónicos.

- Elimina lo antes posible el correo no deseado.
- Crea una dirección específica para los concursos y los juegos, las cuentas de compras por internet, etcétera.
- Obviamente, separa la dirección profesional de la personal.
- Archiva los correos en carpetas e incluso en subcarpetas.
- Aprende a identificar las urgencias verdaderas y no te precipites a enviar o a responder un correo.
- Conserva en la bandeja de entrada únicamente los correos no atendidos. Así, te tranquilizarás al ver de un solo vistazo qué has hecho y qué te falta por hacer. Idealmente, no deberías tener más de 4 o 5 correos esperándote en la bandeja de entrada. Deberías haber atendido, archivado o eliminado los demás.

Por otro lado, limita la cantidad de veces que consultas el correo (tanto el personal como el profesional). Márcate dos momentos a lo largo de la jornada en que consultarás la bandeja de entrada, a no ser, claro está, que esperes un correo urgente. Es absolutamente contraproducente leer los correos cuando uno no está en disposición de atenderlos (leerlos en el móvil, cuando estamos atrapados en un vagón de metro abarrotado de gente es un craso error). Acuérdate de desactivar el aviso de recepción de correos. Ya no te «pitarán», sino que estarás al mando de la situación y decidirás cuál es el momento oportuno para consultarlos. Usa y abusa del envío de mensajes automáticos que informen de tus horarios de consulta de correos y de tus momentos de desconexión. Así evitarás que tus interlocutores se impacienten (de hecho, la hiperconexión hace que la espera resulte insoportable: «¡Es increíble que aún no haya respondido, no puede ser!»).

INDISPENSABLE

Anula la subscripción a *newsletters* que no lees jamás y que ya no te interesan. En la parte inferior de los correos encontrarás un vínculo para «cancelar la subscripción». Si no, en la información legal del sitio web debe figurar una dirección de correo postal para detener los envíos. Si, a pesar de todo, no consigues detener los envíos de las *newsletters*, cambia la configuración de tu correo para que las envíe directamente a la carpeta de *spam*.

PONER ORDEN EN EL ORDENADOR

LAS FOTOGRAFÍAS

Miles de fotografías de particulares inundan la red y los discos duros de los ordenadores gracias al adviento de las cámaras fotográficas digitales. Circulan por las redes sociales durante unas horas y luego se archivan (con frecuencia mal) en los ordenadores. Se impone una gran reorganización.

1. Para empezar, pasa todas las fotografías a una única carpeta. Crea una carpeta para cada año y luego subcarpetas temáticas.
   Ejemplo: una carpeta 2013 y, dentro, la subcarpeta 2013-Navidad.

2. Ahora da nombre a todas las fotografías que contenga la subcarpeta: 2016-Navidad-001, luego 2016-Navidad-002, etcétera.

3. Cuando esté todo archivado donde corresponda y hayas repasado los centenares, si no millares, de fotografías que tienes, plantéate las siguientes preguntas para cada una de las fotografías de cada subcarpeta:

¿ESTA FOTO ME HACE SENTIR BIEN?

¿TENGO UN BUEN RECUERDO DE ESTE PERIODO, DE LO QUE PASÓ JUSTO ANTES Y JUSTO DESPUÉS DE ESTA IMAGEN?

¿REALMENTE QUIERO CONSERVAR ESTA FOTOGRAFÍA?

4. Envía a la papelera de reciclaje el máximo de fotografías posibles y conserva solo las esenciales (menos de diez en cada subcarpeta). ¿Acaso la emoción que evocan las fotografías no emana de lo raro de las imágenes? ¡Acuérdate de vaciar la papelera!

¿SABÍAS QUE...?

En **Silicon Valley** (California) los directivos de las empresas tecnológicas más importantes del mundo pagan muchísimo dinero para enviar a sus hijos a **escuelas... sin ningún ordenador (ni iPads, ni tabletas, ni móviles).** ¿Por qué? Porque son conscientes de cómo perjudican estas tecnologías al aprendizaje y al desarrollo infantil. El propio Steve Jobs prohibía a sus hijos que usaran aparatos tecnológicos. **Una anécdota que transmite un cinismo total, pero que es muy elocuente.**

MIS DOCUMENTOS

1. Pasa todos los archivos al disco duro del ordenador. El escritorio únicamente debe contener una carpeta «En curso» donde los documentos podrán pasar un máximo de una semana.
2. Abre absolutamente todos los ficheros (Word, vídeos, PDF, Power Point, etcétera) y decide si vas a conservarlos o no siguiendo el mismo proceso que has aplicado a los objetos.
3. Envía a la papelera todo lo que ya no te sea útil o lo que, sencillamente, no desees conservar. Vacía la papelera.
5. Elimina el historial, las *cookies* y la memoria *caché* del navegador de internet.
6. Archiva los documentos en carpetas grandes, tal y como harías con los documentos en papel (por fecha, relevancia, tema, según el archivo principal, etcétera).

PENDIENTE

Escribe a continuación tus objetivos y todo lo que vas a hacer con el tiempo que has ganado.

- ....
- ....
- ....
- ....
- ....
- ....
- ....
- ....
- ....

SEMANA 3

UNA RUTINA NUEVA

POR LA MAÑANA

- No vuelvas a despertarte con la alarma del móvil. **Compra un despertador analógico de los de siempre.** ¡Fácil!
- **Desayuna en silencio,** sin radio, sin noticias, sin música y sin televisión. Y con mil pensamientos positivos sobre la jornada que tienes frente a ti y con la felicidad de ver cómo nace el día.
- No escuches el MP3 de camino al trabajo. No navegues con el móvil. Lee un libro de papel. O **medita y visualiza la jornada positivamente.** Mira el paisaje y lo que te rodea. No te centres en el móvil solo por hacer algo.

DURANTE EL DÍA

- **Reduce las consultas a internet** por motivos personales durante la jornada laboral.
- **Deja de consultar el móvil durante todos tus trayectos en metro o en autobús.** Lee, fantasea, mira a tu alrededor, etcétera.
- **Haz ejercicio físico 3 veces a la semana,** como todas las estrellas de Instagram.

... POR LA TARDE/NOCHE

- **Convierte las noches de sofá y peli o serie en una excepción.** Fíjate un máximo de 2 o 3 noches por semana. El resto, disfruta de un buen libro, habla con tu otra mitad, juega con tus hijos a algo tranquilo, etcétera.
- **Si has encendido alguna pantalla,** apágala 1 hora antes de acostarte.
- **Identifica las señales de sueño** (escozor en los ojos, bostezos, párpados pesados, etcétera) y acuéstate en cuanto empieces a percibirlas.

CONSEJOS PARA LOS PADRES. LA NORMA 3-6-9-12 (AÑOS) PARA LOS NIÑOS

- **Nada de TV** antes de los **3 años.**
- **Nada de videoconsolas** antes de los **6 años.**
- **Nada de internet** sin supervisión hasta los **9 años.**
- **Nada de redes sociales** ante de los **12 años.**

Por mucho que leemos y escuchamos de boca de especialistas, seguimos mirando pantallas después de las nueve de la noche. Y más que un error, es **una catástrofe**. La luz azul (la parte de la luz con más energía) que emiten las pantallas LED ejerce un impacto directo sobre nuestra salud. Las primeras señales serán los dolores de cabeza y los ojos que escuecen. Luego llegarán los trastornos de sueño (la luz azul interfiere con la melatonina, la hormona del sueño), alteraciones del estado del ánimo y daños invisibles en la retina que, a largo plazo, pueden desembocar en una degeneración macular asociada a la edad.

LAS ONDAS… ¿BUENA O MALA ONDA?

La comunidad científica sigue sin ponerse de acuerdo sobre la peligrosidad, o ausencia de la misma, de las ondas. Mientras, deberíamos aplicar algunas precauciones básicas.

- En casa, opta por internet por cable antes que wifi. Una restricción muy leve… ¿Realmente es tan grave no poder consultar el correo electrónico en el lavabo?
- Cuando no uses el móvil, tenlo alejado de ti.
- Por la noche, todos los móviles de casa deben estar apagados. Completamente apagados.
- No utilices el móvil en lugares con mala cobertura de datos ni mientras te desplaces (tren, metro, etcétera).
- No te pongas el ordenador portátil sobre las piernas.
- Utiliza el móvil para tener una comunicación telefónica solo como último recurso. Elige el fijo (a poder ser, con cable) como primera opción y los WhatsApps como segunda.

SEMANA 3

NOTAS

Recorre la casa y enumera todos los aparatos inalámbricos que, por lo tanto, utilizan ondas. ¿No podrías cambiar y usar otros aparatos?

- ....
- ....
- ....
- ....
- ....
- ....
- ....
- ....
- ....
- ....

Desintoxicación familiar
Cread un ritual familiar para marcar una separación real entre los periodos de conexión y los de desconexión. ¿Ya son las ocho y media de la noche? Todos los miembros de la familia alrededor de la caja de móviles. Apagad cada uno vuestro aparato respectivo y metedlos todos dentro. Entonces, cerrad la caja (es importante que tenga tapa) y guardadla en un lugar que solo conozcan los padres. Por la mañana os volveréis a reunir y recuperaréis los móviles. Atrévete a desenchufar el módem de casa para impedir cualquier conexión wifi.

PANTALLA Y CUERPO: ¡QUÉ MALA PAREJA!

El estrés físico que provocan las pantallas tiene consecuencias desastrosas para el cuerpo: cervicales maltratadas, lumbares doloridas, mandíbulas crispadas, tendinitis del pulgar (¡ay, el teclado...!), etcétera. Acuérdate de tomarte un descanso cada hora y de hacer estiramientos. A continuación encontrarás 4 ejercicios para descansar los ojos si trabajas (o te diviertes) varias horas frente a una pantalla.

HACER PALMAS

Coloca las palmas de las manos sobre los ojos, como dos conchas. Junta bien los dedos, para bloquear toda la luz. Mantén las manos así durante un poco más de un minuto.

→ Relajación profunda y descanso inmediatos de los ojos, gracias a la oscuridad y al calor envolvente de las manos.

SEMANA 3

EL SÍMBOLO DEL INFINITO

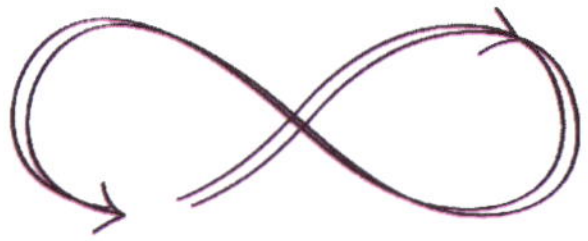

Siéntate cómodamente, con la espalda erguida pero con el cuerpo relajado. Mantén los ojos abiertos y relajados y la cabeza inmóvil. Mantén esta postura y traza con los ojos el signo del infinito en la lejanía, en un único movimiento fluido y sin interrupciones.

→ Excepcional para hacer desaparecer la tensión de los ojos.

PARPADEAR

Es muy sencillo: tienes que obligarte a parpadear durante 30 segundos. Fuerza el gesto para activar al máximo las glándulas lagrimales. Las lágrimas ascenderán y humedecerán los ojos.

→ Repítelo varias veces a lo largo de las jornadas frente al ordenador.

EL LÁPIZ

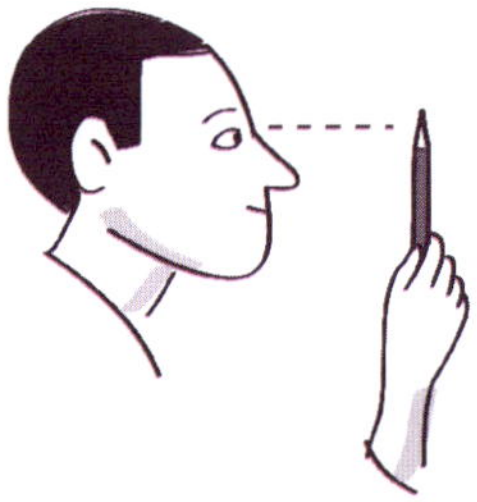

Siéntate cómodamente, con la espalda erguida pero con el cuerpo relajado. Mantén los ojos abiertos y relajados y la cabeza inmóvil. Sujeta un lápiz con el brazo estirado y mantenlo a la altura de los ojos. Mira fijamente el lápiz. Espira y acércalo a la nariz, sin dejar de mirarlo. Inspira, aléjalo poco a poco, tan lejos como te sea posible, y siempre con la mirada fija en él. Repite unas veinte veces.

¿QUÉ TE APORTARÁ ESTA DESINTOXICACIÓN DIGITAL?

Apunta aquí todas tus expectativas.

MÁS TIEMPO

....

....

....

....

MÁS EFICACIA

....

....

....

....

CONCIENCIA AUMENTADA DE LAS COSAS

....

....

....

....

SEMANA 3

UN «AQUÍ Y AHORA»

....

....

....

....

UNA VIDA PERSONAL MÁS RICA

....

....

....

....

UNA MEJOR FORMA FÍSICA

....

....

....

....

LISTA DE DESEOS PARA LA POSDESINTOXICACIÓN DIGITAL

- Aprender una lengua extranjera.
- Comenzar una actividad artística.
- Hacer ejercicio físico en serio.
- Cocinar.
- Cuidar de la casa.
- Hacer bricolaje.
- ....
- ....
- ....
- ....
- ....

¡HAZ ENTRAR EL SILENCIO EN TU VIDA!

Estar hiperconectados suele llevarnos a vivir en un bullicio permanente. Además de perjudicar de forma irreversible los órganos sensoriales más frágiles del cuerpo (los oídos), el ruido perjudica a la salud general de forma insidiosa (hipertensión, problemas cardiacos, insomnio, irritabilidad, etcétera). El ruido también es uno de los principales agentes contaminantes de la mente y del pensamiento. A continuación encontrarás algunas costumbres que te ayudarán a lograr que tu desintoxicación digital sea más completa.

SEMANA 3

EL HOMBRE DEBE TODA SU INFELICIDAD A UNA SOLA COSA: SER INCAPAZ DE PERMANECER EN REPOSO EN UNA HABITACIÓN.

BLAISE PASCAL

NUEVAS COSTUMBRES

- Se han acabado los auriculares.
- Cocina y haz las tareas domésticas en silencio y de forma consciente.
- Limita el volumen de la televisión. El sonido no debe venir a ti, sino que es tu atención la que debe ir al sonido.
- Escucha con atención el sonido del silencio. El runrún del frigorífico, el escalón que cruje, el viento entre las hojas de los árboles del jardín, etcétera.
- Aprende a no escuchar de forma sistemática la radio en el coche.
- Toma conciencia de que el silencio es el más maravilloso de los sonidos. Agradécelo y búscalo.

LA VIDA Y EL MUNDO TAL Y COMO LOS CONOCEMOS ESTÁN GRAVEMENTE ENFERMOS. SI FUERA MÉDICO Y ME PIDIERAN MI OPINIÓN SOBRE LA HUMANIDAD, RESPONDERÍA: «¡SILENCIO! ¡PRESCRIBID SILENCIO!».

SØREN KIERKEGAARD

RESUMEN DE LA DESINTOXICACIÓN DIGITAL:

- ¿Cómo te has sentido durante el proceso de desintoxicación?

....

....

....

....

....

....

- ¿Has hecho cosas nuevas gracias a ello?

....

....

....

....

....

....

- ¿Has alcanzado los objetivos que te habías fijado al principio?

....

....

....

....

....

....

SEMANA 3

- ¿Te has sentido apoyado o, por el contrario, te has sentido solo?

....

....

....

....

....

....

- ¿Qué beneficios te ha proporcionado esta cura? (¿Más concentración? ¿Más tiempo? ¿Más calidad de sueño?)

....

....

....

....

....

....

- ¿Qué seguirás haciendo?

....

....

....

....

....

....

- ¿Qué no ha funcionado?

....

....

....

....

....

....

- ¿Por qué?

....

....

....

....

....

....

- ¿Cómo podrías mejorarlo?

....

....

....

....

....

....

SEMANA 4

CAMBIOS DURADEROS

Un aire nuevo recorre la casa, tu vida cotidiana ha cambiado y sientes los beneficios de la reorganización que has llevado a cabo: **tu vida es más armoniosa. Adiós al desorden** y a las ideas confusas, adiós a las pantallas durante toda la jornada. La motivación ha estado ahí desde el principio, el deseo de cambio es inmenso y el corazón está más que presente. Has llevado a cabo una reorganización considerable de tu vida. No olvides jamás el camino que has recorrido. Siéntete orgulloso de ti mismo.

Sin embargo, a pesar de los objetivos alcanzados y de la alegría de la serenidad (re)encontrada, sientes que pronto podrías sufrir una **recaída**: el correo se acumula, las rebajas están a punto de hacer su aparición, en la televisión van a estrenar varias series que baten récords de audiencia, etcétera. Por no hablar de la aplicación *Ya-verás-bájatela-te-cambiará-la-vida-yo-no-uso-otra-cosa*. No te preocupes, es normal. ¡Ánimo! Puedes tomar varias medidas sencillas para evitar volver a caer en el ciclo infernal del «siempre más».

SEMANA 4

MANTENER LA CASA ORDENADA

INSTAURAR NUEVAS COSTUMBRES

- Haz **una gran limpieza «de primavera»** en cada cambio de estación.
- **Devuelve de forma sistemática las cosas a su sitio** en cuanto hayas acabado con ellas.
- Recuerda que **todos los objetos con una misma función deben estar juntos.** Sin excepciones.
- **Reflexiona antes de comprar nada,** por pequeño que sea: cada objeto dentro de casa te roba dinero, tiempo y energía.
- Piensa en todas las **soluciones alternativas antes de comprar** algo (pedir prestado, alquilar, etcétera).
- Antes de salir a hacer la compra, **haz una lista y cíñete estrictamente a ella.**
- **Controla el volumen de objetos en casa** mediante la regla «1 objeto que entra = 1 objeto que sale». Si te compras un pantalón nuevo, deshazte de uno de los que tengas en el vestidor. Lo mismo vale para la vajilla, la ropa de hogar, etcétera. Obviamente, lo mejor es que compres tan poco como te sea posible.
- **Instaura un ritual:** 1 hora a la semana (siempre en el mismo momento) durante la que te ocuparás del correo, del papeleo, etcétera.
- **Pon en el recibidor una caja para depositar las pilas gastadas y los objetos que necesitan reparación (zapatos, pequeños electrodomésticos, etcétera).** Mira la caja una vez a la semana y haz lo que necesites hacer inmediatamente, sin demorarlo.

DESAFÍO COTIDIANO

Aprovecha cada vez que te muevas por casa para poner en su sitio al menos un objeto.

- **Otorga a cada objeto un lugar definitivo.** Las llaves han de estar siempre en ese cuenco, la batidora en esa esquina del mostrador de la cocina, etcétera.
- **Al salir de casa, déjala tal y como la quieres encontrar cuando vuelvas,** es decir, limpia y ordenada.
- **Aprende a decir que no.** A algunas salidas, a los niños, etcétera.
- Cuando llegues a casa después de todo un día fuera, **di «hola» a la casa y salúdala con amor.** Descálzate y toma conciencia de la utilidad de los zapatos. Vístete para estar por casa y toma conciencia del placer que te proporciona.

¡21 DÍAS!

Hacen falta un promedio de 21 días para que el cerebro asimile una nueva costumbre. Persevera y muy pronto te parecerá lo más natural del mundo.

TRUCO PARA LA COMPRA DE ROPA

No compres nunca una prenda de ropa sin habértela probado, aunque eso suponga esperar diez minutos. Una vez que te la hayas probado, la hayas pagado y hayas vuelto a casa, **no cortes las etiquetas enseguida**. Sigue reflexionando sobre la compra; en la mayoría de las tiendas tienes unos diez días para devolver las prendas (comprueba el plazo en cada establecimiento). Deja la prenda en la bolsa durante unos días. Luego, vuélvetela a probar, ahora en casa, y combínala con todos los zapatos, todos los accesorios, con otro peinado, etcétera. Habrá veces en que volverás a tener un flechazo y otras en que será todo lo contrario.

SEMANA 4

COMPRAR MENOS PARA VIVIR MEJOR

Antes de comprar sea lo que sea, responde a las preguntas siguientes.

- ¿Realmente necesito este objeto?
- ¿Puedo no comprarlo? ¿Le voy a sacar mucho provecho a este objeto?
- ¿El precio es razonable?
- ¿Adquirir este objeto me creará demasiadas limitaciones?
- ¿La adquisición de este objeto tiene un coste económico oculto (piezas que cambiar con regularidad, accesorios que hay que comprar a parte, consumo eléctrico, etcétera.)?
- ¿Tengo espacio suficiente en casa?

Si respondes *no* a una o varias de estas preguntas, renuncia a la compra o, como mínimo, posponla. Quizás alguna de las respuestas sea distinta dentro de un par de meses.

Si tuvieras que mudarte a un estudio de 20 m^2, ¿qué querrías llevarte contigo? ¿Cuáles son los tres objetos que transmitirían tu estilo y tu personalidad?

....

....

....

....

....

....

....

....

DESAFÍO RÁPIDO: EL BOTE DE LÁPICES

¿Cómo es posible que en toda la casa no haya un bolígrafo que funcione? ¿Quién no ha dicho o escuchado esta frase? No sabemos por qué misteriosa razón, que sin duda responde a alguna ley matemática que se nos escapa, TODAS las familias tienen en sus botes de lápices (cerca del teléfono, en el recibidor, sobre el escritorio, etcétera) decenas y decenas de bolígrafos y de rotuladores que ya no funcionan. Se impone poner orden, en un pequeño desafío rápido y agradable que cambiará muchas cosas en tu vida cotidiana.

1. Recorre la casa y recupera todos los botes de lápices que encuentres.
2. Instálate junto a una mesa totalmente despejada y limpia y vacía todos los botes. La vista de todos esos lápices, rotuladores y bolígrafos bastará para que te den escalofríos.
3. Prueba todos y cada uno de ellos sobre un papel.
4. Tira todos los que no funcionen.
5. Aprovecha para sacar punta a todos los lápices (la imagen de un lápiz bien afilado es muy agradable). No es más que un detalle, pero muy elocuente y, además, marca una tendencia.
6. Redistribuye los botes de lápices como mejor te vaya, en función de cómo los uses.

SEMANA 4

PRESTA ATENCIÓN A LOS PAPELES QUE SE ACUMULAN

Además de la hora semanal que dedicas a gestionar el correo (p. 112), a continuación encontrarás algunos trucos para evitar que se te acumulen los papeles.

- Abre el correo inmediatamente cuando llegues a casa. Tira la publicidad y todo lo que no te sirva (aunque te duela en el alma, tira también las postales).
- Coloca en un lugar específico el correo que debas atender lo antes posible (en un estante, una bandeja, etcétera). Coloca encima lo que sea más urgente y subraya la fecha límite de respuesta, si está indicada.
- Una vez que hayas atendido el correo, archiva los documentos que debas conservar en las carpetas correspondientes.

CUIDA DE TU DORMITORIO A DIARIO

- Prohíbete salir de casa sin haber hecho la cama con esmero. Este gesto marca el tono del día y ejerce un gran impacto inmediato sobre el aspecto general de la habitación. Una cama hecha da la impresión de un conjunto armonioso y ordenado, incluso cuando no es así en los detalles.
- Despeja el dormitorio tanto como puedas y mantén un máximo de 3 objetos de decoración.
- Elimina todos los aparatos eléctricos.
- Intenta dormir en la máxima oscuridad posible.
- Intenta dormir en el máximo silencio posible.
- Respeta el lugar de las cosas.
- No dejes absolutamente nada en el suelo. Un objeto en el suelo es muy negativo a nivel energético. Literalmente, bloquea la energía e impide la circulación de la misma y, por lo tanto, la fluidez de conducta y de pensamiento.

DESAFÍO RÁPIDO: LA MESITA DE NOCHE

Está junto a tu cabeza durante horas... y durante un periodo muy importante para el equilibrio personal: ¡el sueño! La mesita de noche debe ser zen y estar despejada.

1. Quita todo lo que haya sobre la mesita y límpiala.
2. Guarda en el cuarto de baño, es decir, en su sitio, las gomas de cabello, las diademas, las lacas de uñas, las cremas, etcétera.
3. Conserva únicamente el libro que estés leyendo. Nada de un montón de volúmenes que te dicen sin cesar: «¡Qué vergüenza, me has comenzado y no me has terminado nunca!», «¿Así que te has aburrido ya en el primer capítulo?», «Mmmm, hace ya un año que tendrías que haberme leído» o «Jajaja, sé que no tienes ganas de leerme, pero te irá bien para el trabajo».
4. Elimina también las posibles galletas y dulces.
5. Mete en el botiquín la medicación que no estés tomando.
6. Nada de radiodespertador eléctrico, si necesitas uno, opta por uno analógico de los de siempre.

SEMANA 4

SIGUE RESISTIÉNDOTE A LA LLAMADA DE LAS PANTALLAS EN LA VIDA COTIDIANA

Ahora que ya has comprendido la toxicidad de las redes sociales a dosis altas y has tenido éxito en el proceso de desintoxicación, descubrirás cómo hacer que dure y no recaer.

¡GENTE REAL!

Sustituye el tiempo que pasas detrás de la pantalla poniendo «me gusta», posteando y comentando por interrelaciones en directo: sal a tomar algo con amigos, de excursión, etcétera.

- Lo primero que debes hacer es quedar en la vida real con la mayoría de tus contactos en las redes sociales, aunque no los conozcas. ¡Qué alegría conocer al fin a ese apasionado de la permacultura o a esa experta en política!

¿A qué personas con las que te has cruzado en las redes sociales te gustaría conocer?

....

....

....

Ah, sí, me encantaría conocer «de verdad» a:

....

....

- Organiza tantas actividades en grupo como puedas. Invita a 3 personas y pídeles que ellas inviten a otras 3 que inviten a otras 3, etcétera. ¡Mucho mejor que un «Evento» de Facebook! Un paseo, un picnic, una visita a un museo, un restaurante… Tienes muchísimas posibilidades.

¿Qué te gustaría organizar?

....

....

....

- Ponte en contacto con aquella persona que conociste en ese curso y que te cayó tan bien. Haz lo mismo con ese primo al que solo ves una vez cada tres años. Y también con los compañeros de tu primer trabajo, con los que te llevabas tan bien. En resumen, multiplica los contactos con las personas de las que te has alejado por cuestiones de falta de tiempo, de energía o de voluntad.

Las personas a las que has perdido de vista y con las que te gustaría volver a conectar:

....

....

- Instaura «rituales de socialización». Sí, ya sabemos que las cosas no son fijas y recurrentes y que los acontecimientos se vuelven cada vez menos frecuentes, hasta que dejan de existir. ¡Lidera la creación de acontecimientos! La mayoría de las personas están poco inclinadas a organizarlos, pero luego son los momentos en que son más felices. Genera experiencias colectivas, encuentros, etcétera. Y, sobre todo, impón un ciclo, una repetición. Esa es la clave para que las cosas perduren y la gente acuda.

- Algunos ejemplos:
  - Todos los sábados: salir a correr con dos personas que te caigan bien (conocidos, padres de la escuela, vecinos, etcétera). Tanto si llueve como si no, como si te encuentras bien o mal, hay que mantener la cita.
  - El último viernes de cada mes, cena con los amigos más íntimos.
  - Cada año, el primer fin de semana de julio, reunión de todos los primos.

¿Qué rituales de socialización te gustaría instaurar?

....

....

....

....

- Haz cosas nuevas. ¿Qué actividades hacen volar a tu imaginación? ¿Por qué el remo o el golf han de ser solo para los demás?

Comprométete a 1 día de prueba con las siguientes actividades:

....

....

....

....

SÍ, LAS COSAS SON ASÍ

¿Cansado de la mirada perdida de tus interlocutores cuando les hablas de tu nueva relación con lo digital? Déjalo pasar y no te alteres. Si no lo entienden, peor para ellos y, si lo entienden, eso que ganarás: habrás ganado un aliado. Tu alegría de vivir, tu serenidad y tus éxitos hablarán por ti en el mismo momento o más adelante.

RECUERDA

Recuerda todas las cosas nefastas que dejas atrás cuando te alejas de la vida digital:

- La carrera de la información instantánea vacía de sentido y de inteligencia.
- Las monstruosidades de las redes sociales (linchamientos, sucesos macabros, etcétera).
- Las pausas falsamente placenteras de Marta Pérez en Instagram.
- Los insoportables posts de tus amigas que acaban de ser madres.
- Los comentarios y otros emoticonos insoportables cada vez que alguien cambia la foto de perfil (sí, como Marta Pérez, precisamente).
  Pero ¡qué guapa es mi prima!
  ¡Olé tú!
  ¡Guauuu!
- El vídeo que no sirve de nada… pero que uno mira una vez… y otra… y otra… y otra…

¿Qué cosas te alegra haber perdido de vista?

....

....

....

....

....

....

....

....

....

SEMANA 4

CUIDA DE TI CADA DÍA

¡VIVE LA GRATITUD A DIARIO!

QUIEN HA PERDIDO LA CAPACIDAD DE MARAVILLARSE HA PERDIDO A LA VEZ EL CAMINO Y LA FACULTAD DE AVANZAR.

LAURENS VAN DER POST

Dar las gracias es fundamental para una buena salud emocional. Es un acto sencillo, pero al mismo tiempo muy profundo, que proporciona una sensación real de bienestar. Otra de las ventajas de esta palabra «mágica» es que aleja las ideas negras y cuida de los vínculos sociales. Alegrarse de lo que uno tiene y de lo que ha podido vivir o sentir supone entrenar al alma para el agradecimiento, para la gratitud y, posiblemente, para la felicidad. Cuanto más vivas en la gratitud, más te llevará el cerebro a celebrar lo que tienes o vives en lugar de a lamentar lo que te falta. Poco a poco, la sensación de soledad desaparece y en su lugar surge la sensación de arraigo y de conexión con algo más grande. La envidia, los juicios y las comparaciones se desvanecen. ¡*Adiós* a la frustración, al mal humor y al consumismo, *hola* a la abundancia, a la alegría y a la sobriedad feliz!

ESCRIBE UNA CARTA DE AGRADECIMIENTO A ALGUIEN A QUIEN QUIERAS Y QUE SEA MUY IMPORTANTE PARA TI.

Una vez que la hayas escrito, puedes guardar esas palabras como un valioso tesoro o enviárselas a su destinatario. También puedes leer la carta en voz alta frente a la persona a quien van dirigidas esas palabras.

Gracias

SEMANA 4

EJERCICIOS SENCILLOS PARA EL DÍA A DÍA

Intenta hacer como mínimo uno de estos ejercicios al día. Observarás los resultados rápidamente. Cada uno de ellos te ayudará a consolidar nuevas maneras de funcionar y a seguir en el camino que has decidido emprender en tu vida.

MIS «GRACIAS» DIARIAS

	Mi agradecimiento
Lunes	Gracias por: Esa llamada de teléfono de mi amigo que me ha alegrado el día. ....
Martes	Gracias por: ....
Miércoles	Gracias por: ....

Jueves	Gracias por: ....
Viernes	Gracias por: ....
Sábado	Gracias por: El sol que ha brillado todo el día. ....
Domingo	Gracias por: ....

CONTINÚA

Compra una libreta pequeña que te guste. Escribe con letra bonita en la primera página «Libreta de agradecimientos». Todas las noches, antes de irte a dormir, escribe 5 gracias por el día que está a punto de acabar. Una buena comida, una conversación interesante, la belleza de la naturaleza, la presencia de seres queridos... ¡hay muchísimo por lo que dar las gracias!

SEMANA 4

VER «EL CAMINO QUE TE HA TRAÍDO AQUÍ»

¿Gracias a qué acontecimiento conociste al amor de tu vida? ¿Qué camino te llevó a tu trabajo actual? ¿Qué situaciones te han llevado a forjar amistades íntimas? Retrocede en la historia de los acontecimientos que te han traído experiencias positivas y felicidad. ¡Identifícalos! Recuérdalos y dales las gracias.

Situación feliz en mi vida	El origen
Mi familia adoptó a un gatito adorable. Nos hizo muy felices a todos.	En el tren, me puse a hablar sobre el libro que estaba leyendo con una persona muy amable sentada junto a mí. Y esa persona... ¡daba gatitos en adopción!
....	....
....	....
....	....
....	....

CONTINÚA

Este trabajo de reconocimiento de las relaciones de causa y efecto en tu vida te impulsará a ver los caminos a la felicidad de manera automática. El beneficio es doble, porque así generarás más acontecimientos felices.

DA, PERO DI «GRACIAS»

Dar es otra fuente de placer. Es un acto que nos muestra en un instante nuestra capacidad de salir de nosotros mismos y de estar en una comunidad global. Da las gracias interiormente a la persona a la que acabas de ayudar. Dar es un acto de bondad dirigido a alguien en concreto, pero la humanidad entera, el cosmos y el Universo lo reciben también. Dando inyectas bondad en el mundo.

.... Thank you

.... Danke

.... Gracias

.... Arigatô

.... спасибо

SEMANA 4

Escribe 5 momentos de tu vida en los que has dado algo (tiempo, objetos materiales, dinero, escucha, etcétera).

1. ....

2. ....

3. ....

4. ....

5. ....

CONTINÚA

Escribe los 5 «dones» que deseas hacer durante las próximas semanas (visitar a un enfermo, dar dinero a un sin techo y hablar con él, apoyar a una organización, llamar a una persona que sabes que está sola, etcétera).

1. ....

2. ....

3. ....

4. ....

5. ....

MIRA CON NUEVOS OJOS EL MUNDO QUE TE RODEA

Sí, hoy haz «como si...». Haz como si descubrieras el mundo por primera vez (los océanos, las montañas, los animales), tu ciudad (sus bonitas plazas y calles), tu casa (la protección que te ofrece...), tu habitación (el rayo de sol que te acaricia el rostro por la mañana, tu cama tan cómoda), etcétera. Observa la belleza de las cosas, el vértigo de la tecnología (¡la electricidad existe!) y todas esas «pequeñas cosas» extraordinarias que ya no vemos. **¡Hoy, todo es gracia!**

Miro...	Y veo...
Mi habitación	....

Miro...	Y veo...
Mi casa	....
Mi ciudad	....
El mundo	....

CONTINÚA

Adopta en tu vida cotidiana una mirada nueva con la que ver a las personas que te rodean, tu familia, tus amigos, tus conocidos, tus colegas de trabajo... y también a los desconocidos con los que te cruzas. Percibe el valor de todas las relaciones que tejes.

- ....
- ....
- ....
- ....

APRENDE A ACEPTAR LAS DIFICULTADES

Acepta la tristeza, la ira o la decepción asimilando esa emoción negativa, sin alimentarla ni combatirla. Esta aceptación permite suavizar las montañas rusas que nos sacuden. Si dejas de valorar lo que te sucede en términos de «bueno» o «malo», aprenderás a ver la vida como un todo que es posible degustar sin temor a los distintos sabores.

Escribe 5 momentos de tu vida en los que has tenido que aceptar tus emociones:

1. ....

2. ....

3. ....

4. ....

5. ....

SI LA ETERNIDAD NO SE CONCIBE COMO UN LAPSO DE TIEMPO INFINITO, SINO COMO UNA AUSENCIA DE TIEMPO, EL QUE VIVE EN EL PRESENTE VIVE ETERNAMENTE.

LUDWIG WITTGENSTEIN

SEMANA 4

¡A CAMINAR!

Caminar significa poner el cuerpo en marcha, conectar con el entorno y dar sentido a la vida. Es una exaltación de los sentidos: la brisa en las pantorrillas, el canto de los pájaros que acaricia nuestros oídos, los árboles que nos llenan de gozo los ojos y el corazón... caminar oxigena el cerebro y nos llena de energía vital. **30 minutos al día están bien. Una hora está aún mejor.**

¡MOTIVACIÓN!

- ¿Tienes que ir a hacer un recado? ¿Vas a visitar a un amigo? ¡Ve a pie!
- Instaura el ritual del «paseo digestivo»: pasea por el barrio después de comer.
- ¿Un momento de vacilación? ¿De aburrimiento? ¿De tristeza? Resiste la tentación de las pantallas y SAL a caminar. El resultado está garantizado. No se trata de rumiar sobre lo que te preocupa, sino, por el contrario, de dar un paseo con conciencia plena que te ayude a disipar tus preocupaciones. Camina concentrándote en tus sensaciones (el crujir de las hojas secas bajo los pies, el olor de un macizo de flores, etcétera).
- Haz una excursión larga cada fin de semana. Con el móvil apagado y en la mochila.

Mis momentos para pasear durante la semana

1. ....

2. ....

3. ....

4. ....

5. ....

SEMANA 4

¿CONOCES EL *EARTHING*? ¡TE CAMBIARÁ LA VIDA!

Zapatos, alfombras, viviendas cada vez más elevadas... A medida que pasan los siglos, nuestros queridos pies están cada vez más alejados de la Tierra. Estamos desconectados de la madre Tierra y de su energía. En 2011, Clinton Ober escribió el libro *Earthing. Con los pies descalzos*, en el que demuestra hasta qué punto es nefasta para la salud nuestra civilización «alejada del suelo». Enfermedades autoinmunes, estrés, depresión, dolor de cabeza e insomnio... Para él, todos tienen una misma causa: la incapacidad de evacuar el exceso de iones positivos hacia la Tierra. El *earthing* es, al igual que cuando hablamos de electricidad, una verdadera «toma de tierra» que nos permite deshacernos de las sobrecargas electromagnéticas. Imperativo: caminar con tanta frecuencia como sea posible con los pies desnudos sobre la hierba, la arena, etcétera.

MEDITA

CÉNTRATE EN LA RESPIRACIÓN

1. Siéntate cómodamente. Elige una estancia tranquila donde nadie pueda venir e interrumpirte. Cierra los ojos con suavidad.
2. Respira con normalidad, por la nariz.
3. Siente cómo el aire entra y sale por la nariz, pasa por la garganta y acaricia la piel sobre los labios.
4. Sigue aunque los pensamientos vengan y vayan. Centra la atención en la respiración; tú eres esa respiración.

Haz este ejercicio de meditación una vez al día (siempre a la misma hora); empieza con 5 minutos y luego alárgalo a 10 cuando ya tengas más práctica.

EL ESCÁNER CORPORAL

1. Adopta una postura cómoda (sentado sobre un cojín o tendido sobre la espalda). Elige una estancia tranquila donde nadie pueda venir e interrumpirte.
2. Cierra los ojos y respira unas 3 o 5 veces, para liberar la tensión. Ahora, centra la atención sobre las partes del cuerpo, empezando por los pies.
3. Fija tu atención durante una decena de respiraciones en cada parte del cuerpo (pies, piernas, vientre, brazos, cuello, rostro y coronilla). Siente cada zona del cuerpo, el peso de cada miembro, su posición, todas las sensaciones, sean agradables o no. Si hay momentos en que no notas nada, no te preocupes, limítate a aceptar la ausencia de sensación.
4. Abre los ojos despacio y respira con tranquilidad.

Haz este ejercicio de meditación siempre que tengas la necesidad de volver a centrarte y tomar conciencia plena.

SEMANA 4

RECITA MANTRAS O PENSAMIENTOS POSITIVOS

Pide y se te dará. Escribe en un papel bonito lo que deseas en tu vida. Escribe en afirmativo, no uses formas negativas. Cuelga estos mantras en un lugar de la casa en el que te sientas bien o mételos en un cajón al que solo tú tengas acceso. Léelos una vez a la semana en voz alta.

«MI VIDA ES LIGERA Y SERENA.»

«CADA DÍA, VEO LA BELLEZA DE TODO LO QUE ME RODEA.»

«ATRAIGO A BUENOS AMIGOS Y ACONTECIMIENTOS FELICES.»

«..»

«..
....»

«..
....»

PLAN DEPURATIVO, DA PASO A LA RENOVACIÓN

¿Plan depurativo? ¿Qué es eso?

Grasas saturadas, azúcar blanco refinado, pocas frutas y verduras... la alimentación moderna pone a prueba a nuestro cuerpo, que acaba intoxicado. Si añadimos la contaminación medioambiental y el consumo excesivo de alcohol y de medicamentos, el resultado es explosivo (problemas de peso, de piel y de sueño y una larga lista de enfermedades).

En principio, el cuerpo tiene la capacidad de eliminar todas las toxinas indeseables gracias a sus órganos excretores (hígado, intestinos, riñones, piel y pulmones), pero cuando estos se ven inundados, el cuerpo se colapsa, la intoxicación aparece y el síntoma se declara. Los planes depurativos son esenciales para restaurar el equilibrio adecuado en el cuerpo y ayudar a los órganos excretores, y habría que hacerlos en cada cambio de estación. Purifican el organismo, pero también alivian el alma, porque hacen nacer una energía renovada e insuflan alegría de vivir.

SEMANA 4

Síntomas que deberían alertarte sobre tu alimentación

Se impone un plan depurativo cuando se manifiestan uno o varios de estos síntomas:

- Fatiga crónica.
- Alteraciones del sueño.
- Problemas cutáneos (eccema, psoriasis, acné, etcétera).
- Problemas digestivos (hinchazón, ardor de estómago, etcétera).
- Dolor articular.
- Cefaleas o migrañas.
- Problemas hormonales.
- Patologías ORL (otitis, sinusitis, etcétera).
- Depresión.
- Ansiedad, estrés, etcétera.

Plan depurativo, modo de empleo

2 semanas antes de empezar la depuración:

- Elimina de la alimentación todos los azúcares refinados (azúcar blanco y todas las pastas y pasteles), las grasas saturadas (carne roja, queso, embutido...), el tabaco, el alcohol, el café, la leche de vaca y los platos precocinados industriales. Si quieres mantener el sabor dulce en tu alimentación, opta por la miel y el jarabe de arce, pero en cantidades pequeñas. Introduce en los menús aceites vegetales de cultivo ecológico de primera presión en frío, como el aceite de sésamo, de oliva, de cáñamo o de colza.
- Bebe como mínimo 1,5 litros de agua al día. Consume también jugo de abedul e infusiones diuréticas.
- Consume fruta y verdura de cultivo ecológico, hierbas aromáticas, tisanas, etcétera.
- Haz una sesión de sauna o de baño turco al menos 1 vez a la semana.
- Haz ejercicio físico 3 veces a la semana.

A continuación:

- Después de esta preparación, haz una monodieta durante un fin de semana o tres días (solo arroz blanco cocido al vapor o manzanas de cultivo ecológico asadas, 3 veces al día).

  Hazlo varias veces en un trimestre y prueba también una cura a base exclusivamente de caldos o de jugo de verduras.

LOS 10 ALIMENTOS ESTRELLA DE LA DEPURACIÓN

- Alcachofa
- Limón
- Zanahoria
- Piña
- Rábano negro
- Hinojo
- Manzana
- Ajo
- Col
- Pomelo

IDEAS PARA RECETAS DEPURATIVAS

....

....

....

....

....

....

....

....

....

....

....

....

....

¡BATIDO DEPURATIVO!

5 HOJAS
DE KALE

½ AGUACATE

½ PEPINO

3 HOJAS
DE MENTA

1 TAZA
DE AGUA FILTRADA

¡BATE Y SABOREA!

IDEAS PARA RECETAS DE BATIDOS